Holley Gerth

Du bist mein ALLES

52 Einladungen,
sich neu in Gott
zu verlieben

Über die Autorin:
Holly Gerth ist Therapeutin, Lebensberaterin, vielgefragte Rednerin bei Frauenkonferenzen und begeisterte Bloggerin. Sie ist verheiratet und Mutter einer Adoptivtochter.

Die Bibelzitate entstammen, wenn nicht anders gekennzeichnet, der »Hoffnung für alle« (revidierte Fassung von 2015).

Bibliografische Information Der Deutschen Nationalbibliothek. Die Deutsche Nationalbibliothek verzeichnet diese Publikation in der Deutschen Nationalbibliografie; detaillierte bibliografische Daten sind im Internet über https://dnb.dnb.de abrufbar.

ISBN 978-3-96362-091-1
Alle Rechte vorbehalten
Copyright 2018 by Holley Inc.
Originally published in English under the title
Hope Your Heart Needs
by Revell, a division of Baker Publishing Group,
Grand Rapids, Michigan, 49516, U.S.A.
All rights reserved.
© der deutschsprachigen Ausgabe
2019 by Verlag der Francke-Buchhandlung GmbH
35037 Marburg an der Lahn
Deutsch von Anja Findeisen-MacKenzie
Umschlag- und Innenillustrationen: © iStockphoto. com / Anatartan
Umschlaggestaltung: Verlag der Francke-Buchhandlung GmbH
Satz: Verlag der Francke-Buchhandlung GmbH
Printed in Poland

www.francke-buch.de

Inhalt

Einführung

Du, Gott, bist allezeit meine Stärke.

PSALM 73,26

»Wie geht es dir?«

»Gut.«

So lautet meistens unsere Antwort. Doch oftmals meinen wir damit in Wirklichkeit: »Ich bin ein bisschen müde. Mir wird alles zu viel. Ich sehne mich nach mehr.« In dieser Welt sind wir irgendwann innerlich erschöpft. Wir wünschen uns Hoffnung, Freude, Frieden und ein sinnerfülltes Leben. Und das alles gibt es gleich um die Ecke, so reden wir es uns ein. Wenn wir uns nur beeilen, wenn wir uns genug anstrengen, dann werden wir es schon finden.

Eines Morgens wachte ich unter meiner cremefarbenen Bettdecke auf, die sich wie der Rand einer Wolke anfühlte. Ich knipste die Nachttischlampe an, griff zu der roten Tasse, die mit der kleinen Macke am Rand, und nippte an dem Tee. Ich wollte nicht, dass dieser Tag so verlief wie all die Tage davor. Ich wollte die Antwort finden auf die Ruhelosigkeit, die ich empfand. Ich brauchte eine echte Lösung.

Ich fing an, im Internet zu surfen. Dann schrieb ich einer Freundin. Doch diesmal half mir beides nicht weiter. Also holte ich meine Bibel und blätterte darin. Ich stieß auf Verse, die beschrieben, wer Gott ist und wie sehr er uns liebt. Und plötzlich kam ich an einen Wendepunkt. Ich erkannte: Was mein Herz brauchte, war keine einfache Antwort auf ein bestimmtes Problem. Nein, was ich suchte, wonach ich mich sehnte, war eine Person.

Wir alle sehnen uns nach jemandem.

Nach jemandem, der größer ist als wir. Stärker. Der mit jeder Situation fertig wird. Jemand, der für uns sorgt, für uns kämpft und immer wieder Gnade über uns walten lässt. Der unbegrenzt ist und liebevoll, jenseits unserer Vorstellungskraft und doch mitten in den persönlichen Details unseres Alltags. Der immer derselbe bleibt und doch immer wieder etwas Neues in uns und durch uns wirkt.

»Aber ich kenne Gott doch schon«, mögen wir vielleicht antworten. Das mag ja stimmen und das ist etwas sehr Schönes. Aber wenn wir meinen, ihn durch und durch zu kennen, dann ist das so, als würden wir behaupten, wir hätten schon jedes Sandkorn von allen Stränden dieser Erde in der Hand gehabt. Egal wie sehr wir Gott lieben, wie tief unser Glaube ist, es gibt immer noch mehr zu entdecken. Das ist ein Wunder und ein Geschenk. Mit jeder neuen Entdeckung wird unser Herz erfüllter und befreiter, es empfängt Kraft und Hilfe, wird geheilt und zu Neuem befähigt.

Aber vielleicht ist Gott für uns auch ganz neu. Wir fühlen uns in seiner Gegenwart eher befangen wie jemand, der sein erstes Date hat. Wir wollen ihn besser kennenlernen, aber unsere Knie zittern und unser Herz klopft wie wild. Vielleicht sind wir von christlichen Freunden verletzt worden oder wir denken, dass wir nicht gut genug sind, oder wir haben tausend andere Gründe, warum wir nicht weiterlesen, sondern lieber weggehen wollen. Wenn das der Fall ist, dann ist es völlig in Ordnung so. Das hier ist ein Buch, das uns Mut machen will, so zu kommen, wie wir sind, denn so ist auch der Gott, den wir auf den folgenden Seiten kennenlernen werden.

Der Gott, der die Sterne an den Himmel gesprenkelt hat wie Diamanten auf eine Samtdecke, der jeden kleinen Spatz in seiner Hand hält, der uns alle geschaffen hat – er lädt uns ein, ihm näherzukommen. Zu ihm können wir gehen. An den schweren und den schönen Tagen unseres Lebens, in Höhen und Tiefen, wenn wir traurig und frustriert sind oder fröhlich und ausgelassen. Er ist derjenige, den wir schon immer gesucht haben.

Es gibt keine Worte, mit denen wir wirklich erfassen könnten, wer Gott ist. Auch dieses Buch kann es nur streifen. Doch als ich das Wesen Gottes und seine Liebe zu uns besser verstand, veränderte das mein Leben auf eine schöne und machtvolle Weise. Wenn Sie sich nun mit mir gemeinsam auf diese Reise begeben, bete ich dafür, dass Sie dasselbe erleben.

Wir müssen uns nicht mit einem halbherzigen »Es geht mir gut« zufriedengeben. Jemand flüstert uns zu, er lädt uns ein und zeigt uns in jedem Augenblick unseres Lebens: »Ich bin Gott. Ich liebe dich. Du bist mein.«

Ihre
Holley Gerth

EINS

Anfang und Ziel

*Gott, der Herr, spricht: »Ich bin der Anfang, und ich bin das Ziel,
das A und O.« Ja, er ist immer da, von allem Anfang an,
und er wird kommen: der Herr über alles!*

OFFENBARUNG 1,8

An diesem Tag werden auf unserer Erde 353.000 Kinder ge-
boren. Sie alle kommen zur Welt mit einem Schrei und einer
ganzen Menge Potenzial. Sie blinzeln ins Licht, strampeln
mit den Füßen, greifen mit den Händen. Ihr Haar ist blond
wie Weizen, schwarz wie Kohle, braun wie Schokolade oder
rot wie Feuer.

Gott ist bei jedem Anfang dabei wie ein Künstler, der bei
der Enthüllung seines Werkes zugegen ist. Er hat alle diese Menschen im Leib ihrer Mutter gebildet (Psalm 139,13).
Auch bei Ihrer Geburt war er dabei. Schließen Sie für einen

Moment die Augen und denken Sie darüber nach. Der Gott des Universums hat über Ihrer Ankunft gewacht; er hat Sie auf dieser Welt willkommen geheißen.

151.600 Menschen werden heute sterben. Sie werden aus dieser Welt in die andere hinübergehen. Es wird Tränen geben, es wird getrauert. Mancher Abschied ist wie ein sanftes Loslassen nach einem langen Leben, manch anderer zerreißt einem das Herz, weil er viel zu früh geschieht. Auch bei jedem Ende ist Gott dabei. Nicht einmal ein Spatz fällt tot zur Erde, ohne dass Gott davon weiß (Matthäus 10,29). Wie viel mehr gilt das für uns!

Wir anderen 7,4 Milliarden, die heute weder zur Welt kommen noch sie verlassen, gehen unseren Alltagsgeschäften nach. Wir schalten unseren Wecker aus oder wachen beim ersten Hahnenschrei auf. Wir schenken uns Kaffee oder Tee ein. Dann begeben wir uns an die Arbeit zu Hause, im Büro oder auf dem Feld. Vielleicht müssen wir einem Baby die Windeln wechseln oder im Seniorenheim den Fernseher umschalten. Wir machen uns Sorgen. Wir träumen. Hoffen. Und zweifeln. Wir sind glücklich oder traurig oder müde oder alles zusammen. Und Gott ist auch hier bei uns. In jeder Sekunde unseres Lebens.

Er war schon da, bevor wir geschaffen wurden. Er hat die Welt durch sein Wort ins Leben gerufen als der, der das Licht bringt, die Sterne an den Himmel setzt und dem ersten Menschen den Lebensatem einhaucht. Er wird auch noch da sein, lange nachdem wir wieder gegangen sind, Asche zu Asche, Staub zu Staub. Er ist der Gott der Vergangenheit, der Gegenwart und der Zukunft. Unser Gott und der Gott der Geschichte.

Das bedeutet, dass wir nie allein sind. Wir waren es nie und wir werden es nie sein. Keine einzige Sekunde sind wir außerhalb seiner Sichtweite und seiner Fürsorge. Bei allem, was uns begegnet, ist er dabei. Und bei allem, was kommt, wird er bei uns bleiben.

Gott ist nicht nur *der* Anfang. Er ist *unser* Anfang. Er ist unser Ziel. Und dazwischen ist er unser Alles.

Anfang und Ziel,

du bist das A und das O, der Beginn und das Ende. Du bist der Grund, warum es mich gibt. Du sorgst für mich alle Tage meines Lebens und dann nimmst du mich mit nach Hause, damit ich für immer bei dir sein kann. Danke, dass du stets an meiner Seite bist und nichts uns trennen kann. Amen.

ZWEI

Urheber

Jesus, der Urheber und Vollender des Glaubens.
HEBRÄER 12,2 (EINHEITSÜBERSETZUNG)

Das Café ist gut besucht heute Morgen. Ich bin mal wieder in meiner Heimat, einer belebten Vorstadt am Rand von Houston. Dort, wo ich jetzt meinen Latte schlürfe, war früher einmal eine Kuhweide. Wer den Ort vorher gekannt hat, beklagt diese Veränderungen, doch Städte breiten sich nun einmal immer weiter aus.

Ich kenne kein einziges der Gesichter um mich herum und wenn ich noch hundertmal herkäme, wäre es wohl nicht anders. Wir sind alle anonym, selbst wenn wir Schulter an Schulter stehen. Ist das nicht seltsam, paradox? Einen Moment lang stelle ich mir vor, einer dieser Kaffeetrinker würde neugierig werden und mich fragen, was ich beruflich so mache. Früher hätte ich herumgedruckst und lange gezögert, doch heute würde ich einfach sagen: »Ich bin Autorin.«

Als Autorin, das heißt als »Urheberin von Büchern«, habe ich auf geheimnisvolle Weise etwas mit Jesus gemeinsam, der in Hebräer 12,2 als der »Urheber des Glaubens« bezeichnet wird. In unserer modernen Welt hat das Wort *Urheber* eine eher begrenzte Bedeutung. Es wird fast nur für Menschen verwendet, die etwas professionell zu Papier bringen und es veröffentlichen. Darum war ich durchaus verwundert, als ich sah, dass dieser Begriff für Jesus verwendet wurde. Das kam mir zu klein vor. Zu einfach. Da musste doch mehr dahinterstecken. Also forschte ich weiter nach und entdeckte, dass der Urheber, der Autor, jemand ist, der etwas beginnt oder erschafft (zum Beispiel einen Plan oder eine Idee). Nun machte das Ganze für mich Sinn.

Am Anfang war das Wort. Das Wort war bei Gott, und das Wort war Gott selbst. Von Anfang an war es bei Gott. Alles wurde durch das Wort geschaffen; nichts ist ohne das Wort entstanden. (Johannes 1,1-3)

Wenn die Schöpfungsgeschichte im Kindergottesdienst erzählt wird, kommt in der Regel nur Gott darin vor. Für Jesus ist da kein Flanellbild vorgesehen. Dabei war er es doch, der die Geschichte der Erde begonnen hat, die Geschichte unseres Glaubens und damit auch unsere eigene Geschichte. Das hört sich für mich verrückt und unfassbar an. Es ist ein Mysterium und hat etwas Heiliges und Wunderbares. Das *Wort* erschafft Kraniche mit langen Hälsen und Narzissen so gelb wie Butter oder Quallen, die tief unten im Meer schwimmen. Das *Wort* hat das Lachen erfunden, den Sex und das Niesen.

Und das *Wort* wusste auch irgendwie schon, dass es in der Geschichte einen Sündenfall, ein Kreuz und eine Erlösung geben würde.

Jesus kannte nicht nur den Anfang, sondern auch das Ende, denn in Hebräer 12,2 heißt es nicht nur, dass er der Urheber ist, sondern auch der Vollender. Das findet bei mir ein Echo, denn es bedeutet: Egal was in dieser verrückten Welt passiert, er ist der Eine, der auf der letzten Seite *Ende* hinschreibt. Doch auch dann wird es nicht wirklich das Ende sein, sondern der Anfang einer anderen, noch besseren Geschichte – einer, die unendlich weitergeht mit uns und mit ihm.

Wenn ich mir vorstelle, dass Jesus auf diese Weise der Urheber ist, dann kann ich innerlich aufatmen. Denn es bedeutet, dass nicht ich selbst den Stift in der Hand halten muss, um die Geschichte meines Lebens zu schreiben. Ich kann gewiss sein, dass der Eine es tut. Ich weiß, dass er gut und treu ist. Weise und gütig. Ich weiß, dass er unbezwingbar ist und den Sieg behält. Er ist kein schlampiger Urheber. Er achtet auf jede Silbe und jeden Satz, auf jeden Gedankenstrich und jedes Komma. Jeder Autor liebt sein Werk mit ganzer Leidenschaft. Das ist schwer zu beschreiben, aber ich selbst habe das auch gespürt. Und es ist ein ziemlich kühner und spannender Gedanke, dass Jesus, der Autor, auch uns gegenüber so fühlt. Wir werden nicht einfach so dahingekritzelt. Wir sind keine Notizen, die man schnell auf einen Zettel schreibt, um diesen dann später zusammenzuknüllen und wegzuwerfen. Wir sind »Gottes Meisterstück« (Epheser 2,10; Neue evangelistische Übersetzung).

Er hat die Geschichte der Welt noch nicht beendet. Und unsere auch nicht.

Mein Urheber,

*du stehst hinter jeder Geschichte und du lebst in mir.
Das ist so ein wunderbares Geheimnis. Heute gebe ich dir den
Stift meines Lebens in die Hand, damit du meine
Geschichte schreiben kannst. Ich bitte dich: Mach daraus,
was du für richtig hältst. Amen.*

DREI

Brot des Lebens

»Ich bin das Brot des Lebens«, sagte Jesus zu ihnen.
»Wer zu mir kommt, wird niemals wieder hungrig sein.«

JOHANNES 6,35

Ich stehe auf einem heißen Bürgersteig am Union Square in New York. Die Szene vor meinen Augen könnte man als eine Art menschliche Parade bezeichnen. Gut gekleidete Mütter, die ihre Babys in angesagten Kinderwagen umherschieben. Teenager mit pinkfarbenen Haaren und trendigen Brillen. Touristen, die Fotos schießen und sich »Bitte lächeln!« zurufen. Ich befinde mich in einer Stadt mit 8,4 Millionen Einwohnern. Das ist eine Zahl, die ich mir nicht einmal ansatzweise vorstellen kann. Ich beginne zu zählen: »Eins, zwei, drei, vier …«, bis mein Magen mich daran erinnert, dass es noch Wichtigeres gibt. Es ist Zeit fürs Mittagessen und ich muss ein Restaurant finden.

Ich hole mein Handy heraus und rufe die App auf, mit der ich auch sonst immer Restaurants suche, wenn ich unterwegs bin. Doch diesmal versetzt mich das Ergebnis meiner Suche ins Staunen – über elftausend Restaurants gibt es hier. Ich vermute, dass auch so viele nötig sind, um die hungrigen Menschenmengen satt zu machen, die demnächst aus den Wohnungen, Büros und U-Bahn-Ausgängen herausströmen werden. Alle mit demselben Ziel wie ich. Wie ist es nur möglich, ihnen allen etwas zu essen zu bieten?

Die Jünger hatten dieselbe Frage, als Jesus damals im alten Israel einmal vor einer Menge von über fünftausend Männern (plus Frauen und Kindern) gesprochen hatte. Jesus fragte Philippus: »Wo können wir für alle diese Leute Brot kaufen?« (Johannes 6,5). Philippus muss es ähnlich gegangen sein wie mir, als ich den unendlichen Strom von Menschen in New York City betrachtete, denn er antwortete: »Wir müssten über 200 Silberstücke ausgeben, wenn wir für jeden auch nur ein wenig Brot kaufen wollten« (Vers 7). Zweihundert Silberstücke – das war damals mehr als die Hälfte eines Jahreslohns! Da brachte Andreas mit skeptischer Miene fünf Brote und zwei kleine Fische herbei, das Mittagessen eines kleinen Jungen, der anscheinend das Gespräch zufällig mit angehört hatte und helfen wollte. Mit dem Glauben eines Kindes schien dieser Junge zu wissen, was so viele von uns Erwachsenen schnell vergessen: In den Händen von Jesus ist selbst das wenige genug.

Jesus zerteilte das Brot, dankte Gott dafür und versorgte die ganze Menschenmenge damit. Es blieben sogar noch Reste übrig. Die meisten von uns haben diese Geschichte schon einmal gehört, doch als ich sie jetzt wieder las, fiel mir etwas Neues auf. Später sagt Jesus im selben Kapitel: »Ich bin das Brot des Lebens. Wer zu mir kommt, wird niemals wieder hungrig sein« (Vers 35). Diese Aussage trifft er unabhängig von der Szene, in der die große Menschenmenge zu essen bekommt. Aber die beiden Geschichten sind doch miteinander verbunden, denn ein zentraler Gedanke ist ihnen beiden gemeinsam: Jesus genügt für alle. Er ist das Brot, das zerbrochen und an die Hungrigen verteilt wird.

Jesus ist nicht knauserig und sagt: »Tut mir leid, aber von mir gibt es nicht genug für alle.« Nein, er lädt alle Menschen ein, zu ihm zu kommen. Er verschenkt sich selbst immer und immer wieder. Er ist nicht ein Gott der Knappheit, sondern der Fülle.

Daran muss ich denken, als ich die Menschen auf den Straßen von New York sehe. Für mich sind sie nur eine Masse verschwommener Gesichter, eine Wolke von Fremden, die an mir vorüberzieht. Doch Gott hat jedes Haar auf ihrem Kopf gezählt. Er kennt all die Sorgen, die sie mit sich herumtragen. Er sorgte dafür, dass sie ihren ersten Atemzug taten, und er wird auch bei ihrem letzten an ihrer Seite sein. Er kennt die Sehnsucht und die Leere des menschlichen Herzens und sagt: »Kommt und esst euch satt.«

Er ist kein Gott, der uns verhungern lässt, sondern uns vor dem Verhungern bewahrt. Er kürzt unsere Rationen nicht, er gibt uns sogar einen Nachschlag. Von ihm bekommen wir keine mageren Portionen – er schenkt sich uns selbst. Und es ist genug für alle da.

Brot des Lebens,

*du bist der Einzige, der den Hunger in unserem Herzen stillen
kann. Danke, dass du uns genau das versprochen hast.
Ich möchte von dir empfangen, was auch immer du mir
heute geben willst. Und vor allem möchte ich
noch mehr von dir selbst. Amen.*

VIER

Heller Morgenstern

Ich bin der helle Morgenstern.

OFFENBARUNG 22,16

Die rauen Holzplanken fühlen sich kühl an unter meinen Füßen, als ich zum Sandstrand gehe. Der Himmel zeigt sich immer noch in dem tiefen Dunkelblau der Nacht und graue Schatten wiegen sich im salzigen Wind hin und her. Schläfrig nehme ich die Hand meines Mannes. Eigentlich bin ich kein Morgenmensch, aber wir sind im Urlaub und ich möchte wenigstens ein Mal die Sonne sehen, wenn sie sich wie ein siegreicher Krieger über den Wellen des Meeres erhebt.

Als wir uns dem Ufer nähern, sehen wir, dass sich außer uns noch mehr Menschen dazu entschlossen haben, das warme Bett zu verlassen und ihre Flipflops anzuziehen. Sie sitzen auf großen Stücken gestrandeten Treibholzes, gehen mit Kameras in der Hand am Ufer entlang oder nippen mit glasigem Blick an ihren Kaffeebechern. Eine Frau schaut hinauf in die immer noch dunkle Nacht. Ich werde neugierig. Was sieht sie denn da oben?

Als ich ihrem Blick folge, begrüßen mich die Sterne, die wie Diamanten an den samtblauen Nachthimmel gesät sind. Ein Stern jedoch scheint besonders hell und blinzelt mir zu. Später finde ich heraus, dass es in Wirklichkeit der Planet Venus ist, der auch der Morgenstern genannt wird. Und das ist die besondere Schönheit und das Geheimnis der Venus: Sie geht auf, wenn die Nacht am dunkelsten ist, kurz vor Sonnenaufgang.

Jesus sagt von sich: »Ich bin der helle Morgenstern« (Offenbarung 22,16). Das bedeutet unter anderem, dass er sich vor der dunkelsten Nacht nicht fürchtet. Auch nicht vor den geheimsten Orten in unserem Herzen. Den Orten, die seit Jahren kein Tageslicht mehr gesehen haben. Die mit den Schlössern an der Tür. Über die wir nicht gern reden und die wir uns selbst nicht wirklich eingestehen. Jesus flüchtet nicht vor den Tragödien in unserem Leben. Unsere Zerbrochenheit, unsere Bitterkeit und unsere geplatzten Träume schrecken ihn nicht ab. Er lässt sich auch nicht von den Monstern unter unserem Bett oder in unserem Kopf einschüchtern. Und er macht keinen großen Bogen um unsere Probleme und Abhängigkeiten. Er hisst nicht die weiße Flagge gegenüber den Feinden unserer Seele. Niemals sagt er: »Das wird mir zu viel.«

Jesus hat keine Angst davor, in die Nacht hinauszugehen. Ja, nicht einmal, darin zu wohnen. Denn er selbst ist das Licht und in ihm ist keine Finsternis. Das bedeutet, dass die Finsternis ihn zwar umzingeln kann. Aber sie kann ihn weder besiegen noch seine Leuchtkraft schwächen. Er kam als Baby mitten in der Nacht zur Welt und kündigte seine Ankunft durch einen leuchtenden Stern an. Er überwand den Tod in einem dunklen Grab und rollte den Stein beiseite. So hat er uns allen den Weg zum Licht frei gemacht. In der tiefsten Nacht *ging der Morgenstern auf.*

»Die Güte des Herrn hat kein Ende, sein Erbarmen hört niemals auf, es ist jeden Morgen neu« (Klagelieder 3,22-23). Während ich zuschaue, wie die Sonne über dem Horizont erscheint und den Morgenhimmel mit ihren goldenen Flammen erfüllt, werde ich Zeuge, dass diese Worte wahr sind. Die Venus, der Morgenstern, der all dieses Licht und die strahlende Herrlichkeit angekündigt hat, scheint mehr als nur ein Planet zu sein. Plötzlich ist er eine Art Verheißung, die unser Schöpfer uns Tag für Tag schickt, um uns daran zu erinnern, dass auch die tiefste Nacht irgendwann in die Morgendämmerung münden wird. Die Finsternis kann nicht gewinnen; das Licht wird niemals besiegt werden.

Heller Morgenstern,

*du bist das wahre Licht, das auch an unsere dunkelsten
Orte gelangt. Heute brauche ich dein Licht,
damit es in diese Bereiche meines Lebens hineinscheint:
Danke für deine Treue und für die Verheißung,
dass keine Nacht für immer dauern wird. Amen.*

FÜNF

Ratgeber

Man nennt ihn »Wunderbarer Ratgeber«.

JESAJA 9,5

Ich beobachte die Frau, die neu zu mir in die Beratung kommt, wie sie mein Büro betritt und sich darin umsieht. Sie lässt ihren Blick über meinen Schreibtisch gleiten, über die Bücherregale und den Korb neben der Couch – als ob sie nach einem Geheimnis sucht. Vielleicht kann sie meine Trickkiste finden oder den Schlüsselbund, mit dem ich wie von Zauberhand alle ihre Probleme erschließe. Es muss in diesem Raum doch irgendetwas geben, das erklärt, warum die mit mir verbrachte Zeit für sie hilfreich sein wird. Ich bitte sie, es sich bequem zu machen, aber sie schaut mich nur fragend an.

Offenbar hat sie nicht gefunden, was sie zu finden meinte, und ich lächle ein bisschen, weil ich weiß, dass sie schon bald verstehen wird, warum. Was sie sehen will, ist nämlich unsichtbar. Es schwebt auf geheimnisvolle und unerklärliche Weise im Raum zwischen uns in Form von Worten, Gesten und stillen Pausen. Dr. Henry Cloud, Psychologe und Buchautor, hat einmal erzählt, wie sein Professor den Studierenden ankündigte, er werde ihnen nun den einen wissenschaftlich nachgewiesenen Faktor verraten, der den Patienten wirklich helfe. Dr. Cloud konnte es kaum erwarten. Endlich gab es die Formel, die alles und jeden heilen konnte. In seinem Buch *The Power of the Other* erzählt er, was dann geschah:

> Ich saß in gespannter Erwartung da. Endlich würde ich das Geheimnis herausfinden, wie man Menschen wirklich helfen kann. Nun würde ich den wahren Kern der Weisheit erfahren, den ich schon die ganze Zeit gesucht hatte. Unser Professor schaute uns alle an und sagte: »Es ist die Beziehung. Was Menschen tatsächlich verändert und sie heilt, ist die Beziehung zwischen dem Psychologen und seinem Klienten«, erklärte er.[1]

Als ich diese Zeilen las, nickte ich unwillkürlich, denn ich erinnerte mich daran, dasselbe auch während meiner Ausbildung zur Therapeutin gehört zu haben. Das ist wahrscheinlich auch die einzige Statistik, die ich mir aus jener Zeit gemerkt habe: Siebzig Prozent des Therapieerfolgs beruht ganz einfach auf der Verbindung zwischen Klient und Seelsorger.

Manchmal nähern wir uns dem Glauben auf ähnliche Weise, wie meine Klientin es bei ihrem ersten Besuch tat. Wir denken, es müsse etwas geben, das wir sehen, anfassen und fühlen können und das uns genau das gibt, wonach unsere Seele sich so sehr sehnt. Wir lesen bestimmte Bücher, singen bestimmte Lieder, praktizieren geistliche Übungen, die uns empfohlen werden, und befolgen alle Regeln. Dann aber werden wir unzufrieden, weil nichts uns wirklich zu helfen scheint. Und dabei sagt unser »Wunderbarer Ratgeber« zu uns: »Um all das geht es nicht – es geht um die Beziehung zwischen dir und mir.« Wenn wir uns in der Tiefe mit Jesus verbinden, dann werden wir unweigerlich verändert.

Während meiner Ausbildung habe ich gelernt, den Rat suchenden Menschen, die durch meine Tür treten, bestimmte Dinge zu bieten. Und ich glaube, dass sich in ihnen ganz viel von dem widerspiegelt, was Jesus uns schenken will:

einen sicheren Ort,
ein offenes Ohr,
eine ermutigende Atmosphäre,
die Wahrheit, die in Liebe ausgesprochen wird,
für die Zukunft.

Doch was Jesus für uns tut, geht noch weit über das hinaus. Denn er ist ja kein gewöhnlicher menschlicher Ratgeber; er ist *der* Wunderbare Ratgeber. Das Wort *wunderbar*, das in diesem Bibelvers vorkommt, wird auf viel kraftvollere Weise verwendet, als wir es heute tun. In der Ursprache bedeutet es nämlich, dass es ein großes Wunder hervorrufen kann, das weit über unseren Verstand hinausgeht.

Unser Ratgeber weiß viel mehr, als wir begreifen können.

Er liebt uns mehr, als wir uns vorstellen können.

Er lädt uns immer wieder ein, zu ihm zu kommen und mit ihm in Verbindung zu treten.

Mein Ratgeber,

ich bin so froh, dass du immer für mich da bist,
wenn ich Hilfe brauche. Heute habe ich mit einer Menge
Problemen zu kämpfen. Ich möchte sie jetzt alle vor dich bringen.
Bitte schenk mir deine Weisheit, Ermutigung und Fürsorge.
Amen.

SECHS

Schöpfer

Der Herr ist der ewige Gott. Er ist der Schöpfer der Erde.
JESAJA 40,28

Eine Fülle von Büchern begrüßt mich, ausgebreitet wie ein bunter Regenbogen. Eines zeigt einen gelben lächelnden Drachen. Ein anderes einen Hund mit gesprenkelter Nase. Wieder ein anderes eine flauschige blaue Vogelfamilie, die ihre Hälse zwitschernd nach oben streckt. Es ist ein Wunderland des gedruckten Wortes oder anders ausgedrückt: die Kinderbuchabteilung unserer Bücherei. Ich bin überwältigt von all dieser Kreativität – so viel Fantasie, die in diese Seiten hineingeflossen ist!

Ein ähnliches Gefühl ergreift mich, als ich gemeinsam mit meiner Freundin und ihrer Tochter eine Vorlesestunde besuche. Wir sitzen auf bunten Schaumstoffwürfeln, die wie

Puzzlestücke zusammenpassen. Eine Schar begeisterter Kinder jubelt, lacht und hüpft im Kreis herum, während eine Mitarbeiterin uns die Geschichte von dem Marienkäfer vorliest, der zu faul zum Fliegen war. Ich sehe blonde Pferdeschwänze, tiefschwarze Locken, feuerrote Zöpfe und zerzauste braune Fransen vor mir. Kein Kind ist wie das andere. Jedes erzählt eine Geschichte von Wundern und Hoffnung, die sich direkt vor unseren Augen entfaltet.

Manchmal denken wir von der Schöpfung ganz groß. Wir reden von Galaxien und Äonen und sich verschiebenden Kontinenten. Wir erzählen von der Finsternis, die über dem Wasser schwebte, und wie es Licht wurde. Wir stellen es uns als ein sensationelles Schauspiel vor. Und ja, unser Schöpfergott hat es verdient, in all seiner Macht und Majestät verehrt zu werden. Doch mir geht es inzwischen so, dass eher die kleinen Dinge die größte Ehrfurcht in mir hervorrufen. Das Lachen eines Kindes. Ein schönes Buchcover. Die Kuh, die an einem heißen Sommertag mitten in einem kleinen Teich steht und mir grüßend zunickt, als ich auf dem Heimweg an ihr vorbeifahre. Das Glühwürmchen, das auf dem Rand meines Glases landet, während ich am frühen Abend auf der Veranda sitze. Der bittere Geschmack von dunkler Schokolade auf meiner Zunge.

Und natürlich all die Menschen, die auf unserer Erde leben, die durchs Weltall wirbelt. Die Babys, die zum ersten Mal ihren großen Zeh entdecken. Die Kleinkinder mit ihren noch unsicheren Schritten. Die Teenager mit dem Lächeln, das sie verbergen wollen. Die junge Braut oder die Mutter oder die Hundertjährige, die warm zugedeckt ein Nickerchen hält. Gott hat sie alle, uns alle, geschaffen. Zu seiner Ehre, aber auch zu unserer Freude.

Heute Morgen haben mein Mann und ich den folgenden Vers im Buch des Predigers gelesen: »Darum empfehle ich allen, das Leben zu genießen, denn es gibt für den Menschen nichts Besseres auf der Welt, als zu essen und zu trinken und fröhlich zu sein. Das wird ihn bei seiner Mühe begleiten das kurze Leben hindurch, das Gott ihm gegeben hat« (Prediger 8,15). Das scheint mir geradezu unerhört. Doch dann muss ich an die Otter denken, die fröhlich im Fluss miteinander spielen, oder wie lustig es ist, ein Kaugummi aufzublasen und zum Platzen zu bringen, oder wie sich das erste glucksende Lachen eines Babys anhört.

Vor Kurzem las ich ein schönes Buch. Es handelt von einem zehnjährigen Mädchen namens Inge Maria, das zu seiner strengen, niemals lächelnden Großmutter ziehen muss. Inge Maria zeigt ihrer Großmutter und der ganzen Stadt, wie man wieder glücklich wird. Am Ende der Geschichte sagt die Großmutter: »Uns wurde beigebracht, zu reifen Menschen zu werden, die sich gut benehmen können, und aus irgendeinem blöden Grund haben wir gedacht, dass wir dann nie wieder Spaß haben dürfen. Wir haben vergessen, wie man lacht, schreit und rennt, und was am schlimmsten ist: Wir haben vergessen, wie man sich an der Gemeinschaft miteinander erfreut. Ich glaube, wir haben einfach nicht gemerkt, dass derselbe Gott, der uns die Kraft zu arbeiten und die Falten zum Stirnrunzeln gab, uns auch die Beine zum Tanzen und die Stimme zum Singen geschenkt hat!« [2]

Ja, wir wollen diesem Universum, das Gott so großartig geschaffen hat, mit Respekt und Ehrfurcht begegnen. Aber wir wollen es auch genießen wie Kinder, wie die Kleinen, die beim Vorlesen jubeln und lachen und manchmal auch im Kreis herumhüpfen. »Am Anfang schuf Gott …« (1. Mose 1,1). Jedes kleine Wunder in unserem Leben ist der Beweis, dass er das immer noch tut, und es ist ein Grund, ihn zu loben.

Mein Schöpfer,

danke, dass ich durch die Welt, die du erdacht hast, auf so vielerlei
Weise deine Treue und Liebe, dein Wesen sehen kann.
Hilf mir, nicht nur zielgerichtet zu leben, sondern auch Spaß zu
haben und mich an dem Guten zu freuen, das du uns schenkst,
es zu genießen mit dem Glauben eines Kindes. Amen.

SIEBEN

Wegweiser

So ist Gott! Er ist unser Herr für immer und ewig;
allezeit wird er uns führen!

PSALM 48,15

Die E-Mail liegt in meinem Posteingang und mir schießen tausend Fragen durch den Kopf. Es sieht nach einer großen Chance aus, aber aus Erfahrung weiß ich, dass die Dinge manchmal viel komplizierter und schwieriger sein können, als es auf den ersten Blick scheint. Ich empfinde Vorfreude und Furcht zugleich. Was soll ich tun?

Das Leben ist eine Abfolge von Entscheidungen, die wir treffen, und vielleicht ist es Ihnen schon einmal ähnlich ergangen. Ein Jobangebot taucht auf, aber Sie sind nicht sicher, ob es das richtige für Sie ist. Sie könnten in eine andere Stadt umziehen, aber es gefällt Ihnen auch dort, wo Sie jetzt sind.

Jemand möchte sich mit Ihnen verabreden oder lädt Sie in eine Gruppe ein und Sie sind zugleich neugierig und skeptisch.

Still betrachte ich die E-Mail, ich seufze und denke: *Ich brauche jemanden, der mir den Weg zeigt.* Ja, ich brauche jemanden, der mir sagt, was ich tun und wohin ich gehen soll. Möchte Gott dieser Jemand für mich sein? Ich suche auf einer christlichen Internetseite nach Bibelstellen und finde heraus, dass Gott mich tatsächlich führen will. Hier nur ein paar Beispiele:

> Voller Liebe führst du uns, dein Volk, das du gerettet hast! Mit großer Macht leitest du uns bis zu dem heiligen Ort, an dem du wohnst. (2. Mose 15,13)

> Er leitet mich auf sicheren Wegen und macht seinem Namen damit alle Ehre. (Psalm 23,3)

> Du führst mich nach deinem Plan und nimmst mich am Ende in Ehren auf. (Psalm 73,24)

> Immer werde ich, der Herr, euch führen. Auch in der Wüste werde ich euch versorgen. (Jesaja 58,11)

Wow. Ich brauche diese Entscheidung nicht allein zu treffen. Das erinnert mich an ein Erlebnis, das ich letztes Jahr auf einer Reise in die Dominikanische Republik hatte. Ich war mit der Hilfsorganisation *Compassion International* dorthin gefahren, um vor Ort zu sehen, wie Kinder in Jesu Namen aus der Armut befreit werden. Jeden Tag fuhren wir in ein Dorf und besuchten dort die Kinder, die von der Organisation unterstützt wurden, in ihrem Zuhause. An diesem Tag mussten wir uns in einem verschlungenen Labyrinth von Stufen zurechtfinden, die steil den Berg hinunterführten. Ich war überzeugt, dass wir unser Ziel niemals finden würden. Doch dann winkte uns ein einheimischer Verantwortlicher lächelnd zu sich und sagte: »Ich zeige Ihnen den Weg.« Ich hatte zwar immer noch keine Ahnung, wo es hinging, aber ich wusste, dass nun alles gut werden würde.

Es ist ein großes Geschenk, wenn man jemanden hat, der einen führt. Das bedeutet nicht, dass wir nun plötzlich jeden Schritt genau kennen oder alle Antworten wissen. Aber wir können uns darauf verlassen, dass wir irgendwie dort ankommen werden, wo wir hinmüssen. Es mag unterwegs Ablenkungen und Umwege geben. Vielleicht kommen wir vom Weg ab und verirren uns ein bisschen. Aber irgendjemand wird uns immer auf den richtigen Weg zurückbringen und sicherstellen, dass wir unser Ziel erreichen. Wenn wir jemanden haben, der uns führt, dann verändert das unsere Rolle in dem Ganzen. Wir müssen nicht mehr die Last tragen, alles selbst herauszufinden, sondern einfach nur treu folgen.

Anders als bei meinem Erlebnis in der Dominikanischen Republik können wir hier im Diesseits den, der uns den Weg zeigt, nicht wirklich sehen oder hören. Aber ich bin dennoch überzeugt, dass er uns auf ganz spezielle und praktische Weise führt.

Zunächst einmal schenkt er uns sein Wort. »Lehre mich Schritt für Schritt, nach deiner Wahrheit zu leben« (Psalm 25,5). Wenn wir eine Entscheidung treffen müssen, sollte die Heilige Schrift immer unser erster Ratgeber sein.

Zusätzlich können wir andere Mitchristen um Rat fragen. »Pläne sind erst durch Beratung erfolgreich; darum zieh niemals auf eigene Faust in einen Kampf!« (Sprüche 20,18)

Außerdem sollten wir auch auf den Heiligen Geist hören,

der in uns lebt. »Wenn aber der Geist der Wahrheit kommt, hilft er euch dabei, die Wahrheit vollständig zu erfassen« (Johannes 16,13).

Wenn wir das alles getan haben, dann wird es meist Zeit, ganz einfach den nächsten Schritt zu gehen und darauf zu vertrauen, dass Gott uns, wenn nötig, korrigieren und auf den richtigen Weg zurückbringen wird. »Der Mensch macht viele Pläne, aber es geschieht, was der Herr will« (Sprüche 19,21).

Ich hole tief Luft und beantworte die E-Mail. Ich gebe noch keine verbindliche Zusage auf die Bitte, die an mich herangetragen wurde, denn ich brauche noch Zeit, um nachzudenken, zu beten und mich weiter zu informieren. Also stelle ich erst einmal ein paar Fragen. Ich möchte das Ganze noch besser verstehen, aber schon jetzt empfinde ich einen tiefen Frieden, weil ich weiß, dass der Eine, der bereits alle Antworten kennt, bei mir ist, mir zur Seite steht und meine Zukunft in seinen Händen hält wie ein vertrauenswürdiger Guide mit einer Schatzkarte.

Der du mich leitest,

danke, dass du so weise, liebevoll und zuverlässig bist. Du hast versprochen, mich auf jedem Schritt meines Weges zu begleiten. Ich bin auf deine Führung angewiesen und verlasse mich auf dich. Ich liebe dich und vertraue dir, dass du mich dorthin bringst, wo ich heute und für immer sein soll. Amen.

ACHT

Du bist mir ein Helfer gewesen,
und im Schatten deiner Flügel darf ich jubeln.

PSALM 63,8 (MENGE BIBEL)

Ich bin nicht auf dem Land, sondern in der Stadt groß geworden, doch einmal im Jahr haben wir immer eine Tierausstellung und Rodeo-Show besucht, für mich ein Wunderland, in dem es Farmtiere und leckere frittierte Backwaren gab. Bei einem solchen Ausflug entdeckte ich einmal eine dicke Henne, die in einem kleinen Stall in der Ecke saß mit aufgeplustertem Gefieder und einem erstaunlich einschüchternden Gesichtsausdruck. Auf den ersten Blick schien sie die einzige Bewohnerin zu sein, doch als der Besitzer ihr sanft auf die Schwanzfedern tippte, erschien plötzlich ein flauschiger kleiner Ball auf reizenden pinkfarbenen Beinchen. »Piep!«, machte das Küken, als ob es einen Evakuierungsalarm einleitete, und bald schon folgten ihm seine Geschwister. Ich zählte sie – eins, zwei, drei, vier. Es war wie bei dem alten Zirkustrick, wenn ein Clown nach dem anderen aus einem winzig kleinen Auto klettert. Wie passten sie alle unter ihre Mama? Und was machten sie dort überhaupt?

Wie ich herausfand, ist das ein Trick, den Hennen schon seit Urzeiten anwenden. Wenn sie das Gefühl haben, dass ihrer Brut Gefahr droht, rufen sie die Kleinen zu sich und verstecken sie unter ihren Flügeln. Das ist eine kluge Strategie, um kreisende Raubvögel und neugierige Farmer fernzuhalten. Diese Mütter lassen die ganze Welt wissen: »Wenn du an meine Kinder willst, musst du erst an mir vorbei.«

Dieses Bild greift der Psalmdichter David in Psalm 63,8 auf, wenn er beschreibt, wie Gott uns hilft: »Du bist mir ein Helfer gewesen, und im Schatten deiner Flügel darf ich jubeln.« Diese Worte mögen seltsam klingen aus dem Mund eines Königs, der auch Kriege geführt hat. Man würde eher damit rechnen, dass er für Gottes Hilfe Begriffe verwendet, die mit Schlachtfeldern, Schwertern und dem Kampf gegen Riesen zu tun haben. Doch in seinen Augen konnte das Bild einer Vogelmutter am besten zum Ausdruck bringen, was er sagen wollte. Wenn wir das Wort *Helfer* in der Bibel genauer betrachten, dann macht das Ganze mehr Sinn. In dem Buch *How Jesus Broke the Rules to Set You Free* schreibt Sharon Jaynes:

Das hebräische Wort für »Helfer« … lautet ezer. Es ist von einem hebräischen Begriff abgeleitet, der sowohl für Gott als auch für den Heiligen Geist verwendet wird: »azar«. Beides bedeutet »Helfer« – jemand, der kommt, um den anderen zu unterstützen oder ihm beizustehen. König David schreibt: »Herr, sei mein Helfer!« (Psalm 30,11; Lutherbibel 2017). … Das Wort »ezer« taucht einundzwanzigmal im Alten Testament auf. Zweimal wird es in 1. Mose 27 für eine Frau verwendet, sechzehnmal für Gott oder Jahwe als Helfer seines Volkes. Die drei übrigen Stellen sind in den Büchern der Propheten zu finden; dort wird der Begriff in militärischen Zusammenhängen gebraucht.[3]

Was mich hier besonders anspricht, ist der Gedanke, dass Gottes Hilfe sowohl behutsam als auch mächtig ist. Stark und sanft. Beschützend und zu allem entschlossen wie eine Bärenmutter. Das macht mir Mut, weil ich an meinen schwersten Tagen nicht nur jemanden brauche, der mich verteidigt, sondern der auch tröstet. Ich sehne mich nach einer Person, die nicht nur die Tyrannen zurückschlägt, sondern mich auch liebevoll zu Bett bringt. Ich wünsche mir jemanden, der mich unter seine Flügel nimmt, und zwar nicht nur deshalb, weil dort draußen die Raubvögel kreisen, sondern weil dies der Ort ist, der seinem Herzen am nächsten ist.

Das ist die geheimnisvolle und schöne Hilfe, die Gott uns schenkt. Eine Hilfe, die nahe ist. Die unseren Namen kennt. Die uns fähig macht, selbst in Furcht einflößenden, harten Zeiten ein Lied zu singen, weil wir unter mächtigen Flügeln liebevoll geborgen sind.

Mein Helfer,

danke, dass du mir nicht nur deine Kraft anbietest, sondern dich mir selbst schenkst. In einer unsicheren Welt gibst du mir Geborgenheit. Es gibt so vieles, wobei ich heute deine Hilfe ganz besonders brauche. Danke, dass du für mich da bist und mich mit deiner Liebe schützt. Amen.

NEUN

Ich bin

*Gott antwortete [Mose]: »Ich bin, der ich bin! Darum sag den
Israeliten: ›Ich bin‹ hat mich zu euch gesandt.«*

2. MOSE 3,14

Heute Morgen hatte ich das Gefühl, auf heiligem Grund zu
stehen, fast so wie Mose damals. Allerdings stand ich nicht
wie er in der Wildnis vor einem brennenden Dornbusch,
sondern ich saß auf einem Bürostuhl vor einem Computerbildschirm. Vor mir sah ich das Gesicht eines Menschen, den
ich sehr liebe und der verletzt worden war. Ich sollte an der
Videobesprechung teilnehmen, um sozusagen die Scherben
wieder aufzulesen, die Wunden zu verbinden und die Tränen mithilfe von Worten abzuwischen. Nervös betrat ich den
Raum, denn ich wusste nicht, wie das Ganze sich entwickeln
würde. Es musste besprochen werden, wie es in Zukunft wei-

tergehen sollte, und es gab reichlich Gelegenheit für Konflikte, Verärgerung und Enttäuschung. Dies alles lag vor uns wie ein gefährlicher Zündstoff, den wir alle möglichst nicht in Brand stecken wollten.

Meine Befürchtungen wurden jedoch nicht wahr. Stattdessen spürte ich an einem bestimmten Punkt eine lebendige Gegenwart mitten unter uns; der Friede senkte sich auf uns herab wie Schneeflocken, die auf Haar und Schultern fallen. Und er senkte sich tief in unsere Herzen hinein. Ich kenne dieses Gefühl – diesen Augenblick, wenn das Göttliche das Alltägliche durchdringt und man sich plötzlich an einem heiligen Ort befindet, weil der Himmel so nahe ist, dass man seinen beruhigenden Atem spüren kann wie ein Kind, dem die Mutter einen Kuss auf die Wange drückt.

Das Seltsame an solchen Erlebnissen ist: Sie geschehen immer in der Gegenwart. Ich hatte dieses Gefühl nie, wenn ich in die Vergangenheit zurückschaute. Und auch nicht, wenn ich mir über die Zukunft Sorgen machte und mir vorstellte, es könnte dort Bomben geben, vergiftete Lutscher oder Eichhörnchen, die plötzlich auf die Straße rennen. Ich habe Gott immer nur im Hier und Jetzt gefunden.

Viele kluge Gelehrte haben sich darüber Gedanken gemacht, warum Gott sich selbst »Ich bin« nennt. Die meisten von ihnen wissen mit Sicherheit viel mehr als ich, wenn es um das geht, was man in Büchern nachschlagen oder in alten Schriftrollen finden kann. Doch mit meinem Wissen, das auf realen Erfahrungen beruht, kann ich Ihnen sagen, dass der Name Gottes bestimmt so einiges damit zu tun hat, dass Gott auf geheimnisvolle Weise irgendwie immer Präsens ist. Er fordert Mose nicht auf: »Sag den Israeliten: ›Ich war‹ hat mich zu euch gesandt« oder »›Ich werde sein‹ hat mich zu euch gesandt«. Nein, er betont ganz ausdrücklich: »Sag ihnen: ›Ich bin‹ hat mich zu euch gesandt.«

Wenn ich reumütig in die Vergangenheit blicke oder sorgenvoll in die Zukunft, dann kann das sehr beunruhigend sein, weil ich Gott an diesen Orten anscheinend nicht finde. Vielleicht liegt es daran, dass Gott die ganze Zeit zu mir sagt: »Ich war da, als du dort warst. Und ich werde auch morgen da sein, wenn du dort ankommst. Aber jetzt bin ich genau hier.«

Elmer Towns schreibt in seinem Buch *The Ultimate Guide to the Names of God:* »Die Bedeutung dieses Namens [Ich bin] ist, das Jahwe für uns genau das ist und sein wird, was wir brauchen, sobald wir dieses Bedürfnis verspüren.« [4] Dasselbe gilt auch im Neuen Testament. Wenn wir einen inneren Hunger verspüren, sagt Jesus: »*Ich bin* das Brot des Lebens« (Johannes 6,35). Wenn es in unserem Leben dunkel wird, sagt er: »*Ich bin* das Licht für die Welt« (Johannes 8,12). Wenn wir das Gefühl haben, vom richtigen Weg abgekommen zu sein, sagt er: »*Ich bin* der gute Hirte« (Johannes 10,11; Hervorhebungen jeweils durch die Autorin). Ganz gleich, was wir gerade jetzt brauchen, Jesus sagt: »Ich bin …« Er ist nicht nur gegenwärtig, sondern er sorgt für uns genau in diesem Augenblick.

Unser Videogespräch ging zu Ende und als ich den kleinen Raum verließ und wieder in die große Welt hinaustrat, dachte ich über dieses schöne Geheimnis nach: Egal welches Jahr, welcher Monat oder welcher Augenblick es ist – unser Gott ist bei uns. Der brennende Dornbusch ist in uns. Und egal wo wir gerade stehen, eines ist sicher: Wir stehen auf heiligem Land.

Ich bin,

*es ist so tröstlich zu wissen, dass du hier bei mir bist und
mir versprichst, in jeder Notlage für mich zu sorgen.
Hilf mir, meinen Blick nicht auf die Vergangenheit zu
konzentrieren und mich nicht vor der Zukunft zu fürchten,
sondern die Gegenwart voll und ganz anzunehmen.
Ich vertraue dir mein Gestern, mein Morgen und
auch den jetzigen Augenblick an. Amen.*

ZEHN

Abba

Weil ihr nun seine Kinder seid, schenkte euch Gott seinen Geist,
denselben Geist, den auch der Sohn hat. Jetzt können wir zu Gott
kommen und zu ihm sagen: »Abba, lieber Vater!«

GALATER 4,6

Das Handy meines Mannes klingelt und als er abnimmt, höre ich mit halbem Ohr das Wort *Papa* … Er neigt aufmerksam den Kopf, während er zuhört, und ich sehe, wie er verständnisvoll nickt. Ich weiß, dass meine Tochter am anderen Ende der Leitung ist; eigentlich etwas ganz Selbstverständliches und Alltägliches, sollte man meinen. Doch für uns und für sie ist es das nicht. Denn Gott brachte sie in unser Leben, als sie schon über zwanzig war, und das Wort Papa hört sich aus ihrem Mund und in unseren Ohren immer noch neu an.

Ihre Geschichte ist eine Geschichte der Sehnsucht – nach

einem Zuhause, einer Familie, eigenen Eltern. Wir selbst hatten uns jahrelang ein Kind gewünscht, bevor Gott unsere Sehnsucht durch sie beantwortete. Das Ganze fühlt sich darum immer noch wie ein Wunder für uns an und manchmal denken wir, es sei alles nur ein Traum, der wieder vergeht, wenn wir am Morgen aufwachen. Zu einer echten Familie zusammenzuwachsen hat natürlich Zeit gebraucht und viel Heilung. Das wird vielleicht am deutlichsten dadurch, wie unsere Tochter *Papa* sagt.

Am Anfang nahm sie dieses Wort nämlich überhaupt nicht in den Mund. Sie kannte meinen Mann kaum und hatte hohe Mauern um sich errichtet. Dann sprach sie es mit einem gewissen Zögern aus, als stünde ein Fragezeichen dahinter. Vielleicht sogar mit ein bisschen Furcht und Zweifel in der Stimme. Doch dann kam endlich der Tag, an dem sie es mit einem Lächeln und einem Ausrufezeichen dahinter aussprach – »Papa!« Und jetzt sagt sie es die ganze Zeit. Wenn sie glücklich ist. Wenn sie traurig ist. Wenn sie sich einsam fühlt. Wenn sie etwas braucht. Ich habe es schon in jedem Tonfall von ihr gehört, als ob es ein Lied wäre, das sie allmählich zu singen gelernt hat.

Als sie an diesem Tag anruft, hat sie Probleme mit dem Auto. Mein Mann legt auf, nimmt seinen Schlüsselbund und sagt, dass er zu ihr fährt, um ihr zu helfen. Es ist nur ein kleines Problem, das schnell behoben ist. Doch später erzählt uns unsere Tochter, was es für sie bedeutet, dass sie jemanden anrufen kann, ihren Vater, und weiß, dass er kommen wird.

Der Weg, den unsere Tochter gegangen ist, lässt mich daran denken, dass es bei uns allen oft so ähnlich aussieht. Es kann manchmal lange dauern, bis uns klar wird, wie sehr wir geliebt werden, und bis wir glauben können, dass wir wirklich in die Gegenwart des Einen eingeladen sind, der die Sterne durch sein Wort erschuf und ihnen ihren Platz im Universum gab. Doch Paulus sagt uns: »Weil ihr nun seine Kinder seid, schenkte euch Gott seinen Geist, denselben Geist, den auch der Sohn hat. Jetzt können wir zu Gott kommen und zu ihm sagen: ›Abba, lieber Vater!‹« (Galater 4,6) Ich finde es schön, dass in diesem Vers nicht nur vom »Vater« die Rede ist. Das Wort *Vater* beschreibt eine Stellung, doch in *Abba* steckt so viel mehr.

Abba ist ein Wort, das eine warme Zuneigung und Vertrauen zum Ausdruck bringt. Eine perfekte Entsprechung für all das, was in dem Wort Abba mitschwingt, gibt es in unserer Sprache nicht. Denn es gibt bei uns einfach keinen Vater, der so perfekt ist wie Gott. Selbst die besten Väter können uns manchmal enttäuschen, weil sie wie wir alle unvollkommene Menschen sind. Doch im Herzen dürfen wir wissen, dass wir einen Papa haben, der uns zu sich einlädt, der uns auffordert, ihn anzurufen, wenn wir in Not sind, Angst haben oder uns unbändig freuen. Wir sollen nicht zögernd, unsicher oder ängstlich zu ihm kommen, sondern mit offenen Armen und einem großen Ausrufezeichen. Denn wir sind wahrhaftig seine geliebten Kinder, die er für immer in seine Familie aufgenommen hat.

Abba,

es ist so ein Geschenk zu wissen, dass du mich voller Zuneigung ansiehst und dich danach sehnst, ein echter Vater für mich zu sein, ganz so, wie ich es mir im tiefsten Inneren wünsche. Hilf mir, auf deine Liebe zu vertrauen und mit jeder Faser meines Herzens zu glauben, dass ich wirklich dein zutiefst geliebtes Kind bin. Amen.

ELF

Freund

Ihr seid meine Freunde.

JOHANNES 15,15

Sie betritt das Café mit einem Lächeln im Gesicht und setzt sich zu uns, ihren Freundinnen, an den kleinen runden Tisch. »Wie geht es dir?«, fragt eine von uns und sie antwortet mit dem üblichen »Ach, ganz gut«. Doch der müde Ausdruck in ihren Augen lässt diese Worte eher hohl klingen.

Natürlich bedrängen wir sie nicht, doch als sie es sich gemütlich gemacht hat und sich sicher und geborgen fühlt, verblasst ihr Lächeln. Sie erzählt uns von ihren Problemen und entmutigenden Erfahrungen, den Kämpfen und tiefen Verletzungen, die sie erlitten hat und die ihr entgegenbrüllen wie Löwen in einem Käfig. Sie weiß, dass diese »Löwen« ihr nicht wirklich etwas tun können, aber trotzdem ist es beunruhigend für sie. Sie findet kaum Entspannung.

Wir beugen uns zu ihr und hören intensiv zu. Wir berichten von ähnlichen Zeiten in unserem Leben. Erst vor wenigen Monaten, so erzähle ich, musste ich selbst wieder zum Arzt und in die Therapie, weil ich von Ängsten und Depressionen gequält wurde. Es war wie ein Schlag ins Gesicht, ein Stoß in die Magengrube in einer Zeit, in der ich eigentlich hätte froh und dankbar sein sollen. »Ja, diese Welt ist ein Dschungel und ein Schlachtfeld«, sage ich. »Es ist keine Schande, wenn man zugeben muss, dass man innerlich schwer zu kämpfen hat.«

Dann sagen wir ihr das, was unserer Meinung nach ihr wahres Wesen beschreibt. Wir erinnern sie daran, dass sie stark, tapfer und geliebt ist. Wir weisen sie auf ihre Begabungen hin und darauf, dass sie immer wieder auf einzigartige Weise Gutes bewirkt. Das alles wiederholen wir mehrmals, denn wenn die Löwen brüllen, fühlen wir uns oft machtlos und haben Angst. Dann macht eine von uns eine lustige Bemerkung und die Spannung löst sich auf in einem Lachen, das so fröhlich ist wie ein Konfettiregen. Unsere Freundin lächelt – diesmal ein echtes Lächeln – und wischt sich ein paar Tränen aus den Augen. Ihre Schultern entspannen sich und ich weiß, dass sie es schaffen wird. Eine von uns nimmt ihre Hand und wir beten intensiv für sie.

So gehen Freunde miteinander um. Sie sagen: »Rede mit mir. Sag mir, was in deiner Welt los ist.« Sie hören sich gegenseitig zu, unvoreingenommen und geduldig. Sie suchen nach dem Besten in uns; wie Minenarbeiter, die Gold schürfen. Sie sprechen die ewigen Wahrheiten aus, wenn all das Vergängliche – Gefühle, Umstände, Meinungen – uns etwas ganz anderes erzählen will. Sie setzen sich zu uns und bleiben bei uns und beten für uns, wenn wir uns das alles nicht mehr selber sagen können.

Wenn ich über die Bedeutung wahrer Freundschaft nachdenke, dann reduziert sie sich für mich auf einen wesentlichen

Gedanken: Wahre Freunde sind *für* uns, egal was kommt. Sie sitzen nicht mit verschränkten Armen da und sagen: »Hab ich's doch gewusst, dass sie das nicht schafft.« Sie reichen nicht beim Sonntagspicknick den Klatsch und Tratsch zusammen mit dem Kartoffelsalat weiter. Sie fragen sich nicht, wann wir das alles endlich bewältigt haben, sondern wie sie mit uns gemeinsam da hindurchgehen können.

Wenn ich mir überlege, dass Jesus für uns ein solcher Freund sein will, dann verändert das einfach alles.

Oft stellen wir uns Jesus als stark, mächtig und heilig vor. Es ist für mich einfacher, die Knie vor ihm zu beugen, als ihn zu bitten, sich meine gewöhnlichen, alltäglichen Sorgen anzuhören. Doch wir sind ja seine Freunde. Wir können mit allem zu ihm kommen. Wir können darauf vertrauen, dass er da ist, uns liebt, ermutigt und unterstützt.

Doch dass wir seine Freunde sind, bedeutet auch, dass nicht nur wir reden. Ich möchte auch wissen, was Jesus bewegt, was ihn schmerzt, was ihm Freude bereitet. Ich möchte wissen, was in seinem Herzen vor sich geht.

Als wir alle unseren Kaffee ausgetrunken haben, steht unsere kleine Gruppe auf. Und bevor wir hinausgehen, umarmen wir uns. »Danke«, flüstert mir meine Freundin ins Ohr. »Gern geschehen«, sage ich. »Schließlich sind wir Freundinnen.«

Mein Freund

es versetzt mich immer noch in Erstaunen, dass ich dich so nennen darf. Danke, dass du Teil meines Lebens sein willst, auf eine ganz persönliche, vertraute Weise. Bitte hilf mir, auch selbst eine gute, treue Freundin zu sein. Amen.

ZWÖLF

Der Herr ist mein Hirte, nichts wird mir fehlen. Er weidet mich auf saftigen Wiesen und führt mich zu frischen Quellen. Er gibt mir neue Kraft.

PSALM 23,1-3

Mit einem leisen Klicken schließe ich die Tür hinter mir. Dann setze ich mich mit angezogenen Knien auf den weichen Teppich in diesem kleinen quadratischen Raum, wo niemand mich sieht. Ich lasse meinen Tränen freien Lauf und es ist mir ganz egal, ob meine sorgfältig aufgetragene Wimperntusche sich in ein schwarzes Rinnsal verwandelt. Ich bin gerade auf einer Freizeit für Frauen und es läuft irgendwie nicht gut. Ich bin die Referentin für das ganze Wochenende und habe gerade meinen ersten Vortrag gehalten. Die Technik hat überhaupt nicht funktioniert und ich war nervös und abgelenkt.

Auch während der Pausen ist es mir nicht gelungen, mit den Teilnehmerinnen in ein gutes Gespräch zu finden.

Dabei habe ich mir doch so viel Mühe gegeben, diese Gruppe zu beeindrucken. Ich hatte mein schickstes Outfit an. Die Haare habe ich mit dem Lockenstab bearbeitet, bis sie angebrannt rochen. Ich habe drei Lagen Lipgloss aufgetragen und gelächelt wie die Schönheitskönigin auf der Parade. Und so könnte ich schwören, dass die Frauen auf der Freizeit schockiert wären, wenn ich ihnen von den Tränen erzählen würde, die ich hier in meinem Zimmer vergieße. Nach meinem Vortrag sagte sogar eine zu mir: »Sie wirken so ruhig.«

Vielleicht hätte ich einfach ehrlich sein sollen und sagen, dass es mir gerade nicht so gut geht. Heute würde ich das wahrscheinlich machen. Aber damals habe ich immer versucht, die Zähne zusammenzubeißen, weiterzumachen und durchzuhalten.

Dabei hätte ich eigentlich jemanden gebraucht, der sah, wie schlecht es mir ging, und mich durchschaute. Ich sehnte mich nach jemandem, der zu mir kam und mich daran erinnerte, dass ich geliebt bin und mein Wert nicht von meiner Leistung abhängt. Ich hoffte, dass einer mich retten würde. Und dieser Eine tat es dann auch tatsächlich.

Wenn wir uns Jesus als Hirten vorstellen, der nach uns sucht, dann denken wir dabei meist an Zeiten, in denen wir vom Weg abgekommen sind. Wir wissen ja, dass er die Aufmüpfigen nach Hause trägt, die Verlorenen wieder in den Stall zurückbringt und die Abtrünnigen sucht. Doch es gibt noch mehr Gründe, warum Schafe ihren Hirten brauchen. Ein Schafhirte aus heutiger Zeit hat es einmal so beschrieben:

Schafe geben sich viel Mühe, es zu verbergen, wenn sie krank sind oder Kummer haben. Sie unternehmen viel, um ja nicht aufzufallen, wenn es ein Problem gibt. Wenn man also ein krankes Schaf finden will, dann sollte man nicht direkt in der ersten Reihe danach suchen. Es wird nicht dort stehen, mit den Hufen winken und unsere Aufmerksamkeit erregen wollen. Nein, man muss mitten in der Herde suchen, weil das kranke Schaf sich unsichtbar machen will.[5]

Jesus durchschaut unsere Fassade und erkennt, wo wir krank, verletzt und zerbrochen sind. Ich habe mich immer gefragt, warum es in Psalm 23 wörtlich heißt: »Er lässt mich lagern auf grünen Auen« (Vers 2; Einheitsübersetzung). Warum will jemand ein Schaf dazu bringen, sich hinzulegen? Ich zum Beispiel bin jederzeit für ein kleines Nickerchen zu haben. Aber bei Schafen ist das anscheinend anders: Wenn sie Angst haben, wollen sie sich nicht hinlegen. Ich stelle mir ein Schaf vor, das so ungefähr wie ich aussieht, dasteht und sagt: »Mir geht's gut«, obwohl ihm die Knie schlottern und das Herz rast. Vielleicht brauchen wir ja dieses innere Ausruhen, vielleicht sollen wir nicht immer so stark sein müssen, sondern die Fürsorge empfangen, die wir nötig haben.

Genau das ist es, was Jesus auf jener Wochenendfreizeit für mich tat. Er fand mich, als niemand ahnte, dass ich verloren war. Er flüsterte mir die Wahrheit zu, nach der ich mich sehnte, als ich wieder vor der Gruppe stand und mich fragte, wie ich diesen Menschen Liebe erweisen konnte. Er gab mir neue Kraft, als mich das Gefühl überwältigte, unsicher und ungenügend zu sein.

Die Zeiten, in denen wir am stabilsten aussehen, können in Wirklichkeit die Zeiten sein, in denen wir in Stücke brechen. Das alles weiß unser Guter Hirte. Denn er kennt uns wirklich durch und durch.

Mein Hirte,

es ist schön, dass du mich so gut kennst. Du siehst mein Herz und weißt, was ich wirklich fühle, wenn es mir nach außen hin gut zu gehen scheint. Dir darf ich sagen, wie es mir wirklich geht und was ich heute von dir brauche. Amen.

DREIZEHN

Tröster

Gelobt sei Gott, der Vater unseres Herrn Jesus Christus!
Er ist der barmherzige Vater, der Gott, von dem aller Trost
kommt! In allen Schwierigkeiten ermutigt er uns und
steht uns bei, sodass wir auch andere trösten können,
die wegen ihres Glaubens angefeindet werden.
Wir ermutigen sie, wie Gott uns ermutigt hat.

2. KORINTHER 1,3-4

Es ist viel los auf dem Markt heute Morgen. Gemüse in allen
Farben ist auf den Tischen ausgebreitet wie die bunten Qua-
drate einer Patchworkdecke. Angeleinte Hunde wollen unbedingt zueinander hin oder zu dem verlockend aussehenden
Hydranten an der Straßenecke. Pausbäckige Babys mit ver-
schmiertem Kinn rekeln sich in ihren Kinderwagen. Kleinkinder halten sich mit der einen Hand an ihrer Mutter fest,

die andere haben sie fest um ein Eis am Stiel aus Biofrüchten geschlungen.

Doch dann passiert es. Die allwöchentliche Tragödie. Nur einen Moment nicht aufgepasst oder ein wenig überschwänglich gewesen, den Griff ein bisschen gelockert und schon fällt das Eis herunter und landet mit einem *Platsch* auf dem heißen Asphalt.

Dann kommen die Tränen wie ein Sturzbach, die Nase läuft und das Geschrei fängt an. Die Mutter beugt sich zu ihrem Kind hinunter und sagt dann natürlich: »Jetzt reicht's aber! Willst du wissen, was wirklich schlimm ist? Gestern sind die Aktien ins Bodenlose gestürzt, ein Erdbeben hat eine ganze Stadt ausgelöscht und der Manager in Papas Büro hat sich mit der Praktikantin aus dem Staub gemacht. Schon wieder. Also hör auf zu plärren, dein Problem ist gar nichts dagegen.«

Oder etwa nicht? Diese Version der Geschichte gefällt Ihnen nicht? Wie wär's mit dieser hier: Die Mutter beugt sich zu der Kleinen hinunter und spricht beruhigend auf sie ein, bis der Sturzbach versiegt, die Nase nicht mehr so rot aussieht und nur noch ein leises Schniefen zu hören ist. Sie redet weiter, bis der kleine Kopf nickt, das Lächeln zurückkehrt und die Hand wieder nach der Hand der Mutter greift. Dann machen die beiden sich auf die Suche nach einem anderen Eis oder nach etwas noch Besserem.

Manchmal ist es komplizierter als das hier. Manchmal ist es schwerer und dauert länger. Aber Szenen wie diese habe ich tatsächlich immer und immer wieder erlebt. Das macht in unseren Augen Sinn und selbst wenn wir es so nicht persönlich erlebt haben, halten wir es doch für das Richtige – dass Eltern ihre Kinder auch wegen Kleinigkeiten trösten.

Nun muss ich aber gestehen, dass ich oft nicht damit rechne, von Gott genauso behandelt zu werden. Wenn ich verletzt werde, einen Verlust erleide oder von Furcht überwältigt werde, dann rede ich mir häufig ein: »Das ist zu unwichtig, um Gott damit zu belästigen. Es ist nichts im Vergleich zu dem, was andere durchmachen müssen.« Dann fallen mir Schlagzeilen aus der Zeitung ein, Posts aus den sozialen Medien oder Gebetsanliegen, die an mich herangetragen wurden, und ich sage mir, dass ich egoistisch bin, wenn ich meine, das blöde »heruntergefallene Eis« betrauern zu müssen, das in meinem Leben einen kleinen violetten Fleck hinterlassen hat.

Doch Gott sagt zu uns, dass er uns »in *allen* Schwierigkeiten« trösten will (2. Korinther 1,4; Hervorhebung durch die Autorin). Es gibt dabei keine Größenbeschränkung. Keine Mindesthöhe. Keinen Schwierigkeitsgrad, der erreicht werden muss. Diese Zusage ist ganz unmissverständlich, sie gilt allen und umfasst alles. Kürzlich rief mich meine Tochter an und sprach mit mir über ein Problem, das sie hatte. Dann sagte sie: »Es tut mir leid, dass ich dich mit so einer Lappalie belästigt habe.« Und ich antwortete ihr: »Wenn es für dich wichtig ist, dann ist es das auch für mich.«

Hinterher dachte ich ein wenig überrascht, dass Gott uns gegenüber wahrscheinlich genauso empfindet. Er wartet nicht ab, bis wir von allein darüber hinweggekommen sind, bis wir uns wieder im Griff haben und einen tapferen Gesichtsausdruck aufsetzen. Nein, er kommt mit ausgestreckten Armen auf uns zu, um uns die Tränen abzuwischen, uns in den Arm zu nehmen und uns liebevolle Worte zuzuflüstern, bis wir wieder bereit sind, seine Hand zu nehmen.

Ja, wir sollen wissen, dass für unseren Gott nichts zu groß ist. Aber wir sollen auch wissen, dass nichts für ihn zu klein ist, um seine Hand nach uns auszustrecken und uns zu trösten.

Mein Tröster,

es bedeutet mir so viel, dass du dich auch um die Kleinigkeiten in meinem Leben kümmerst. Du kennst sie alle und ich darf sie vor dich bringen. Danke, dass du mir zuhörst, mir antwortest und mit mir gemeinsam da hindurchgehst. Amen.

VIERZEHN

Mutmacher

Die Hilflosen bestürmen dich mit ihren Bitten.
Du, Herr, hörst ihr Rufen und schenkst ihnen neuen Mut.

PSALM 10,17

An diesem Morgen sitze ich am Fenster in einem kleinen Café. Vor ein paar Minuten hat sich der Himmel aufgetan und eimerweise Wasser auf die Erde hinuntergeschüttet. Ich betrachte eine dürre Topfpflanze draußen, die ihre Stängel an einem Blumenspalier hinaufgestreckt hat, als wolle sie jeden einzelnen Regentropfen auffangen. Ich kann sie fast schon erleichtert aufatmen hören, weil es jetzt endlich eine Linderung gibt nach dieser sommerlichen Hitze und Trockenheit.

Ich stelle mir vor, wie das Wasser in die Erde sickert, hinunter bis zu den Wurzeln, wo es seinen Teil beiträgt zu dem Wachstum und dem Leben, das dort beginnt. So ist es in gewisser Weise auch, wenn wir ermutigt werden. Es sind die Worte und Taten, die tief in unser Herz hineinsinken. *Ermutigung* bedeutet, jemandem Unterstützung, Zuversicht und Hoffnung zu schenken. Ohne das fühlen wir uns wie ausgetrocknet, innerlich verstaubt und verstummt.

So ähnlich ging es mir erst gestern. Im Moment versuche ich Gott und den Menschen auf verschiedene Weise zu dienen, indem ich schreibe, Freunde berate, die schwere Zeiten durchmachen, und meinen eigenen sehr ausgefüllten, chaotischen Alltag bewältige. Fast unbewusst begann ich zu beten: »Herr, bitte schick mir doch jemanden, der mich ermutigt.« Es kam mir ein bisschen seltsam vor, das von Gott zu erbitten, aber ich ließ das Gebet einfach so stehen und ging meinen Aufgaben nach.

Stunden später hatte ich eine Sprachnachricht auf meinem Handy. Eine liebe Freundin sagte dort: »Gott hat dich mir aufs Herz gelegt und ich hatte das Gefühl, dass ich dir Folgendes sagen sollte …« Dann folgten wirklich wunderbare, ermutigende Worte. Ich musste sogar ein bisschen weinen. Ich sollte vielleicht hinzufügen, dass ich auch bei anderen Gelegenheiten um eine Ermutigung gebetet habe und die Antwort nicht so direkt und klar war. Aber aus irgendeinem Grund wollte Gott, dass ich gerade hier die Verbindung ganz genau erkannte. Und dadurch konnte ich auch ihn sehen, den großen Mutmacher, der hinter all dem stand. Es war die Stimme meiner Freundin, aber sie sprach aus dem Herzen meines himmlischen Vaters.

Gott ist unser Mutmacher. Jesus ist unser Mutmacher. Der Heilige Geist ist unser Mutmacher. Das ist eine geheimnisvolle und schöne Realität für mich. Zu denken, dass der Eine, der die Welt durch sein Wort ins Leben gerufen hat, auch in mein Leben hineinspricht. Es zu glauben wagen, dass der Eine, der sein Leben für mich gab, auch meinen müden Knochen wieder Leben einhaucht. Zu verstehen, dass der Eine, der jedes Haar auf meinem Kopf zählt, sich auch um jedes Anliegen kümmert, das ich im Herzen trage.

Wenn wir uns fragen: *Wie ermutigt uns Gott heute?*, dann gibt es darauf mehrere Antworten. Zunächst einmal ist da sein Wort, das wie ein langer Liebesbrief der Ermutigung ist. Außerdem ermutigt Gott uns durch andere Menschen, so wie es bei mir und meiner Freundin war. In dieser gefallenen Welt sind wir füreinander die Hände und Füße der Fürsorge Gottes. Wir können uns sogar selbst ermutigen. »David aber stärkte sich in dem Herrn, seinem Gott« (1. Samuel 30,6; Lutherbibel 2017). Woher unsere Ermutigung auch kommt – letztendlich ist ihre Quelle immer der Eine, der uns liebt. Wann immer wir es brauchen, lässt er seine Ermutigung wie einen erfrischenden Regen in unsere ausgetrockneten Herzen und müden Seelen fallen. Er verspricht, uns das zu geben, was wir brauchen, um durchzuhalten und zu wachsen.

Mein Mutmacher,

danke für all das, was du wie frische Regentropfen in mein Herz fallen lässt. Hilf mir, deine Hand und dein Herz in jedem Wort und jeder Tat zu sehen, die mich aufbauen und mir Kraft geben. Bitte gebrauche auch mich, um andere zu ermutigen. Amen.

FÜNFZEHN

Der Allgenügsame

*Gott kann euch so reich beschenken, ja, mit Gutem geradezu
überschütten, dass ihr zu jeder Zeit alles habt, was ihr braucht,
und mehr als das. So könnt ihr auch noch anderen auf
verschiedenste Art und Weise Gutes tun.*

2. KORINTHER 9,8

Ich umklammere das Lenkrad, beiße die Zähne zusammen
und drücke das Gaspedal runter. Mein Auto bewegt sich vor-
wärts, aber ich bin innerlich festgefahren. Alte Sorgen, Ängste
und Lügen legen sich heute wie Ketten um meine Beine. Ich
zerre und drehe daran, versuche das Schloss aufzubrechen und
gebe schließlich auf. »Gott«, bete ich, »ich brauche es, dass du
mir genau in diesem Augenblick sagst, was wahr ist. Wirst du
mich ein weiteres Mal befreien?«

Die Wurzel all meiner Probleme ist meine Überzeugung,

dass alles von mir abhängt. Ich muss Leistung zeigen. Ich muss liefern. Ich darf niemanden hängen lassen. Mit anderen Worten: Gott hat zwar einen Plan für mein Leben, aber ich muss alles dransetzen, dass er gelingt. Nach außen hin führt diese Überzeugung zu vielen guten Ergebnissen. Ich bin verantwortungsvoll. Ich arbeite hart. Ich halte Termine ein. Doch innerlich fühle ich mich manchmal verletzt, furchtsam und ausgezehrt.

Vielleicht ist es Ihnen auch schon einmal so gegangen. Wenn ja, dann gibt es etwas, woran wir uns in solchen Situationen erinnern sollten: Weil Gott in uns lebt, haben wir schon alles, was wir brauchen, um seine Ziele für unser Leben zu erreichen. Und das Wunderbare daran ist, dass er selbst das tut. Anfang, Mitte und Ende hängen nicht von uns ab, sondern allein von ihm.

In Epheser 2,10 heißt es: »Was wir jetzt sind, ist allein Gottes Werk. Er hat uns durch Jesus Christus neu geschaffen, um Gutes zu tun. Damit erfüllen wir nun, was Gott schon im Voraus für uns vorbereitet hat.« Gott sagt also nicht: »Tu, so viel du kannst, so schnell wie möglich, egal wie du es schaffst.« Stattdessen hat er ganz bestimmte Aufgaben für uns, solange wir auf dieser Erde leben. Es sind nicht dieselben, die er für die Frau hat, die wir so bewundern, für die Freundin, die wir respektieren, oder die Leiterin, der wir nacheifern wollen. Sie sind ganz speziell nur für uns.

Was wir tun sollen, beginnt nicht nur mit Gott, es wird auch von ihm vollendet. »Ich bin ganz sicher, dass Gott sein gutes Werk, das er bei euch begonnen hat, zu Ende führen wird, bis zu dem Tag, an dem Jesus Christus kommt« (Philipper 1,6). Das tut er »zu jeder Zeit« und in allen Dingen (2. Korinther 9,8).

Und welchen Part haben wir dabei? Wir sollen uns, so wie Jesus es sagt, dicht bei ihm halten. Wir dürfen dabeibleiben, lieben und gehorchen, anstatt zu kämpfen, uns ins Zeug zu legen und unseren Wert beweisen zu wollen. Wir können ruhen, empfangen und darauf vertrauen, dass unser Wert nicht von unseren Werken abhängt. Wir können die Vergleiche sein lassen und lieber das dankbar annehmen, was Gott für uns bereit hat, in dem Wissen, dass es in seinen Augen genügt und sogar schön ist.

Während ich diese Worte schreibe, atme ich innerlich auf. Ich kann hören, wie die Kette springt und rasselnd zu Boden fällt. Ich spüre, wie meine Seele endlich wieder vorankommt, weil sie frei ist. Meine Umklammerung des Lenkrads lockert sich, mein Kinn entspannt sich und ich nehme den Fuß vom Gaspedal. Ich richte meinen Blick auf den Horizont und folge der Straße. Ich lasse mich von meinem Auto dorthin bringen, wo ich hinmuss, und vielleicht genieße ich die Fahrt sogar.

Gott, der du alles hast, was ich brauche,

um zu bewältigen, was vor mir liegt. Ich vertraue dir und glaube daran, dass du mich durchbringen wirst. Du weißt schon längst, was ich heute alles von dir brauche. Ich liebe dich und möchte immer nahe bei dir bleiben. Amen.

SECHZEHN

Der mich niemals abweist

Alle Menschen, die mir der Vater gibt, werden zu mir kommen,
und keinen von ihnen werde ich je abweisen.

JOHANNES 6,37

Ich ziehe den kleinen Schreibtisch aus der Ecke und schiebe ihn über den Flur. Er ist nichts Besonderes, schwarz lackiertes Pressholz, das mit kleinen hölzernen Pflöcken zusammengehalten wird. Er kam zerlegt in einer Schachtel an und wir haben ihn selbst zusammengebaut. Nun hole ich ihn aus dem Gästezimmer, das jetzt das Zimmer unserer Tochter ist, und bringe ihn an einen anderen Ort im Haus. Lovelle nutzt ihn nicht, aber ich brauche einen Platz zum Schreiben. Ich stelle meinen Laptop darauf und denke dann nicht mehr weiter darüber nach.

Später am Abend höre ich, wie Lovelle von einer Verabredung mit ihrem Verlobten nach Hause kommt. Ihre Zimmertür öffnet sich und streift über den Teppich. Dann ist es einen Moment ungewöhnlich still – denn eigentlich ist Lovelle jemand, der immer in Bewegung ist. Ich merke es zwar, doch dann überwältigt mich die Müdigkeit und mir fallen die Augen zu.

Am nächsten Morgen bewegt sie sich leise und vorsichtig in der Küche, als würde sie auf rohen Eiern gehen. »Was ist denn los?«, frage ich schließlich. Sie schaut mich mit unsicherem Blick an und sagt: »Du hast den Schreibtisch weggebracht.« Erstaunt über diese Antwort denke ich einen Moment nach. »Ja, du nutzt ihn nicht und ich musste mir noch einen anderen Ort zum Schreiben einrichten. Der Tisch steht nebenan. Wenn du möchtest, bringe ich ihn wieder zurück.« Sie atmet auf, ist sichtbar erleichtert. Ihre Gesichtszüge entspannen sich. »Ich dachte schon, du willst mich rauswerfen«, flüstert sie.

Ich bin überrascht und schweige eine Weile nachdenklich, während ich dieses Mädchen betrachte, das ich so liebe, auf das ich so lange gewartet habe und für das ich mein eigenes Leben hergeben würde, wenn es darauf ankäme. »Ich verstehe das nicht«, sage ich schließlich. »Bitte erklär es mir.«

»Als ich bei Pflegefamilien und anderswo lebte«, antwortet sie, »da ist manchmal genau dasselbe passiert. Sie haben mir Signale gegeben, indem sie Sachen aus meinem Zimmer entfernt haben. Und dann haben sie gesagt, ich müsse gehen.« Ich bin tief erschüttert, als ich das höre, und versuche mir vorzustellen, was sie gestern Abend empfand, als sie in ihr Zimmer zurückkam. Befürchtete sie, dass wir die Möbel Stück für Stück wegbringen würden? Erst den kleinen Schreibtisch, dann die großen Bücherregale und schließlich das Bett. Und am Ende würden wir einfach sagen: »Ups, ich fürchte, hier ist jetzt kein Platz mehr für dich.«

Ich gehe auf sie zu und nehme sie in den Arm. »Es tut mir so leid. Ich hatte ja keine Ahnung, was ich dir angetan habe, als ich den Schreibtisch rausgebracht habe. Wenn ich das gewusst hätte, dann hätte ich es auf keinen Fall getan. Wir werden dich hier niemals rauswerfen. Wir werden dich nie alleinlassen. Wir werden immer für dich da sein.« Sie nickt, während ihr die Tränen kommen, und so stehen wir da, mitten in der Gnade Gottes, während im Hintergrund die Kaffeemaschine läuft.

Später denke ich weiter über diese Begebenheit nach, denn der Tag verläuft mal wieder nicht so wie geplant. Ich versage. Ich mache Fehler. Meine eigene Unzulänglichkeit wird mir schmerzhaft bewusst. Es ist, als ob ich mich innerlich umschaue, ob Gott es bemerkt hat. Und wenn ja, was wird er tun? Wird er mir das Gute, das er mir gegeben hat, wieder wegnehmen? Es raus zum Müllcontainer schleppen, wenn ich es nicht sehe? Vielleicht wird er mir ab jetzt nicht mehr seine Gunst und Güte schenken. Oder gar seine Liebe. Stück für Stück wird er die Heimat meines Herzens leer räumen und mir am Ende mitteilen: »Jetzt wird es Zeit, dass du gehst.« Dann begleitet er mich noch zur Haustür und sagt: »Du hast es zwar versucht, aber es hat halt nicht geklappt.«

Das möchte der Feind mir einreden – dieser hinterhältige Betrüger, der Lügner und Treulose, der Ankläger und Rauswerfer.

Ich unterscheide mich hierin gar nicht so sehr von meiner Tochter. Gott hat versprochen, dass ich bei ihm bleiben darf. Trotzdem benehme ich mich manchmal so, als sei ich nur ein Gast auf Probe, nur auf der Durchreise. Als wäre meine Zeit irgendwann vorüber, weil ich all den Erwartungen und Anforderungen nicht gerecht werden kann.

Doch so ist es nicht. »Alle Menschen, die mir der Vater gibt, werden zu mir kommen, und *keinen* von ihnen werde ich *je* abweisen« (Johannes 6,37; Hervorhebungen durch die Autorin). Und: »Ich lasse dich *nicht* im Stich, *nie* wende ich mich von dir ab« (Hebräer 13,5). *Keinen je. Nie.* Das klingt eher nach einer Mutter oder einem Vater, die ihrem Kind beruhigende Worte zuflüstern, weil es sich im Dunkeln in seinem Bett fürchtet. Es gibt keine Ausnahmen. Keine Bedingungen. Kein »Wir werden mal sehen, wie du dich benimmst, und dann treffen wir eine Entscheidung«.

Wir gehören zu Gott – für immer. Wir haben ein Zuhause bei ihm, in ihm. Wir brauchen keine Angst zu haben. Die Sache mit dem Schreibtisch ist schon Jahre her, aber immer noch bin ich dabei, mit meiner Tochter gemeinsam zu entdecken, was Liebe wirklich bedeutet. Sie ist mehr als ein diffuses Gefühl. Sie ist kein halbherziges Versprechen, kein Gedicht, das man wieder ausradieren kann, kein billiger Song aus der Jukebox. Sie ist der Ort, wo wir hingehören.

Wir leben in der Liebe.

Und die Liebe lebt in uns.

Mein Gott, der du mich niemals abweist,

du bist der Ort, an dem ich wirklich sicher und geborgen bin.
Du wirst mich nie verlassen. Du wendest dich nie von mir ab.
Du wirst mich nie auffordern, woanders hinzugehen,
weil ich dich im Stich gelassen oder enttäuscht habe.
Hilf mir, dass ich fest daran glauben kann. Amen.

SIEBZEHN

Eine sichere Wohnung

Herr, eine Zuflucht bist du uns gewesen, wo man sicher wohnen kann, du warst es für uns durch alle Generationen.

PSALM 90,1 (NEUE GENFER ÜBERSETZUNG)

Das Flugzeug landet, ich öffne meinen Sicherheitsgurt und springe von meinem Sitzplatz auf, sobald die Flugbegleiter es erlauben. In meiner Jackentasche raschelt eine leere Erdnusstüte und mein schwarzer Rollkoffer mit den abgenutzten Ecken folgt mir brav wie ein treuer Hund. Das ist der Abschluss eines regelrechten Reisemarathons in meinem Leben – zwanzig Reisen in zwölf Monaten – und ich kann es kaum erwarten, nach Hause zu kommen.

Das ist schon eine Weile her, aber es ist mir immer noch deutlich in Erinnerung. Ich muss daran denken, als ich auf der Veranda hinter unserem Haus sitze und den Eichhörnchen dabei zusehe, wie sie miteinander Fangen spielen wie Kinder auf dem Pausenhof. Es fällt mir auch wieder ein, wenn mein Mann meine Hand nimmt, während wir auf der Couch sitzen. Und ich denke daran, wenn ich meinen Kopf abends auf das Kissen lege, das Falten und Vertiefungen hat, die nur zu mir passen. In solchen Momenten spüre ich eine tiefe Zufriedenheit.

Das war es, was mir auf den Flughäfen und in den Hotels und lauten Restaurants gefehlt hat. Ich war an außergewöhnlichen Orten und habe wunderbare Menschen kennengelernt, aber in mancher Hinsicht war ich nicht wirklich dort. Ich hatte Heimweh nach dem Vertrauten und Gewöhnlichen. Nach dem Ort, an den ich wirklich gehöre.

Lange Zeit habe ich dagegen angekämpft. Ich wollte jemand sein, der ständig auf Achse ist. Eine, die man rund um den ganzen Globus schicken und in jeden Bus setzen kann. Die ihren Wecker problemlos von einer Zeitzone auf die andere umstellt. Doch mit den Jahren habe ich feststellen müssen, dass wir alle – auch die Abenteuerlustigsten unter uns – sich nach einem Ort sehnen, an dem sie zu Hause sind.

Ich glaube, in jenem extrem ausgefüllten Jahr fand ich die Reisen, die mein Körper unternahm, weniger anstrengend als die innere Umstellung, das Hin und Her von einem Ort zum anderen. Die Reisen waren eigentlich nur das Symptom für eine andere Art von Ruhelosigkeit. An einem Tag war meine Identität in meiner Arbeit begründet. Am nächsten in meiner Fähigkeit, meine Zuhörer zu begeistern. Und dann schwebte sie noch irgendwo im Internet umher. Meine Geborgenheit fand ich hier, da und überall. Und genau das war es, was mich so auslaugte, als hätte ich eine Art inneren Jetlag, den ich einfach nicht überwinden konnte. Ich fühlte mich verloren und verunsichert. Also blieb ich weiter auf der Suche in der Hoffnung, dass der nächste Ort einer sein würde, an den mir meine Unsicherheit nicht folgen konnte.

Das machte ich so lange, bis es nicht mehr ging. Dann hob Gott mich auf, schloss mich in seine Arme und trug mich dorthin zurück, wo ich hingehörte. Bevor das passierte, hatte ich nicht wirklich begriffen, was Gott meint, wenn er in der Bibel sagt: »Ich will deine Wohnung sein.« Doch allmählich verstand ich, was es bedeutet: Gott will der Ort sein, an dem wir Wurzeln schlagen können, wo wir unser Zuhause einrichten wie die Pioniere, die ein Stück Land in Besitz nehmen. Keiner kann uns jemals wieder hinauswerfen, uns von dort vertreiben oder uns das wegnehmen, was uns gehört.

Doch das Zuhause unseres Herzens ist keines mit Wänden und Türen, keine Zweieinhalbzimmerwohnung mit Bad. Es ist Gott selbst, der Eine, der uns geschaffen hat, der für uns sorgt und uns so gut kennt wie niemand sonst. Wenn wir ihn unsere Mitte sein lassen, wenn wir in seinem Willen verwurzelt sind, dann sind wir immer an dem sicheren Ort, wo wir hingehören. Wir können bleiben oder gehen. Uns bewegen oder still sitzen. Uns hinauswagen oder ein Nest bauen.

Das war für mich wichtig zu wissen, als ich auf Wanderschaft war. Es ist eine Wahrheit, an der ich mich immer wieder festhalte und die ich mitnehme, wenn ich wieder einmal in ein Flugzeug steige: Unser Zuhause ist nicht ein Ort, sondern eine Person. Und er, unser Gott, ist immer bei uns. Seine Liebe ist der Ort, an dem wir bleiben können, egal wohin wir gehen.

Meine sichere Wohnung,

du bist meine Geborgenheit und Identität. Du bist das
Zuhause meines Herzens, der Ort, wo ich hingehöre.
Hilf mir, in dir zu bleiben, egal wohin ich heute gehe
und was ich tue. Amen.

ACHTZEHN

Zuversicht und Hoffnung

Du bist meine Hoffnung, Herr, dir vertraue ich von Kindheit an!

PSALM 71,5

»Ich weiß einfach, dass Sie doch noch ein Baby bekommen werden«, erklärt die Frau, während sie mir die Hand auf die Schulter legt. Sie ist nach einem Vortrag auf mich zugekommen und ich kenne den Blick in ihren Augen. Er ist freundlich und aufrichtig. Sie hat von meinem unerfüllten Kinderwunsch gehört oder gelesen und möchte meinen Schmerz lindern. Sie versucht mich zu trösten, so gut sie kann.

Seit fast zehn Jahren mussten mein Mann und ich nun schon diesen Weg gehen und ich hatte viele Begegnungen wie diese gehabt. Sosehr ich es auch zu schätzen wusste, dass andere mich ermutigen wollten, so ahnte ich doch bereits, dass Gottes Plan vielleicht doch ein anderer war und nicht mit diesen Proklamationen übereinstimmte. Allerdings machte ich mir Sorgen, ich könnte zu viele Zweifel haben. Damals beschäftigte ich mich sehr mit der Frage, was Glauben eigentlich bedeutet. Heißt es, an ein bestimmtes Ergebnis zu glauben? Sich selbst einzureden, dass man schon bekommen wird, was man will?

In Hebräer 11,1 steht: »Der Glaube ist der tragende Grund für das, was man hofft: Im Vertrauen zeigt sich jetzt schon, was man noch nicht sieht.« Wenn wir diese Worte ernst nehmen, dann ist der Glaube wohl eher die geistliche Version des Wünschens. Wir stellen uns vor, wonach wir uns sehnen, und halten an dieser Vision fest, komme, was da wolle.

Doch wenn das stimmt, dann hört sich das ja so an, als ob alles von uns abhängt. Es geht um unsere Glaubensanstrengung. Wir müssen gut genug sein, um auf jeden Fall das zu bekommen, worum wir beten. Das aber scheint mir eher eine Garantie für Enttäuschung und Bitterkeit, Scham und Schuldgefühle zu sein. Wenn wir dafür sorgen müssen, dass sich unser Gebet erfüllt und es dann nicht geschieht, dann bedeutet das ja automatisch, dass wir etwas falsch gemacht haben.

Schon oft war ich versucht, diesen Weg einzuschlagen. Wenn Monat für Monat in schmerzlichen Erfahrungen endet, ist man irgendwann verzweifelt und wild entschlossen, das Ganze unter Kontrolle zu bekommen. Man möchte die geheime Formel finden, die den Schmerz verschwinden lässt und sicherstellt, dass man seinen Willen bekommt.

Doch was ich mir noch viel mehr wünschte als ein Kind war die Gewissheit, dass das Ergebnis gut für mich war, egal wie es aussah. Dass ich geliebt und gehalten war und dass der Eine, der größer ist als ich, immer noch die Welt regiert. Ich hatte verstanden, dass ich trotz meiner schönen Gebete und richtigen Antworten immer noch nur ein Mensch war und meine Schultern nicht das Gewicht meiner Zukunft tragen konnten.

Als ich die Worte Davids las – »Du bist meine Hoffnung, Herr, dir vertraue ich von Kindheit an« (Psalm 71,5) –, hatte ich das Gefühl, den Schlüssel zu einer verschlossenen Tür gefunden zu haben, zum Hintereingang des Ortes, nach dem mein Herz sich schon die ganze Zeit über gesehnt hatte. Denn das bedeutet: Wenn es im Hebräerbrief heißt, dass der Glaube ein Vertrauen ist, dann heißt das nicht, dass wir auf ein bestimmtes Ergebnis vertrauen sollen. Es heißt vor allem, dass unsere einzige Sicherheit darin besteht, unseren Glauben auf Gott selbst auszurichten. Die Gewissheit zu haben, dass er gut ist, egal was passiert. Er hat einen Plan, der größer ist, als wir es erkennen können. Er liebt uns mehr, als wir es uns vorstellen können.

Als ich diese Realität akzeptierte, ließen meine Ängste und Sorgen nach. Ja, ich war immer noch manchmal traurig. Aber ich fühlte mich nicht mehr so niedergeschlagen und allein. Mit der Zeit begann Gott auch meine Erwartungen und Bitten zu verändern. Und so waren wir bereit, als er uns eine zwanzigjährige Adoptivtochter anstelle eines Babys gab. Unsere Tochter Lovelle ist ein Geschenk, wie ich mir kein besseres hätte erträumen können.

Ich habe gelernt, dass es beim Glauben nicht um etwas geht, das wir uns unbedingt wünschen. Es geht vielmehr um eine Person, der wir vertrauen, egal was die Zukunft bringt. Gott ist unsere Hoffnung. Er ist unsere Zuversicht. Er ist die Antwort auf alle Fragen, Sehnsüchte und leisen, unsicheren Gebete.

Meine Zuversicht und Hoffnung,

du bist der Eine, auf den ich mein Vertrauen setze, der mich nicht im Stich lassen oder wegschicken wird. Du schmiedest einen Plan, der all meine Vorstellungen übersteigt. Ich möchte meine Erwartungen loslassen und stattdessen das festhalten, was unveränderlich ist – dein Wesen und deine ewige Liebe zu mir. Amen.

NEUNZEHN

Tränenfänger

Du weißt, wie oft ich umherirren musste. Sammle meine Tränen in deinen Krug; ich bin sicher, du zählst sie alle!

PSALM 56,9 (GUTE NACHRICHT BIBEL)

Sie hält ein kleines Fläschchen gegen das Licht. Es ist nur wenige Zentimeter groß und glänzt in einem tiefen Kobaltblau. Jemand hat es mit Silber verziert wie eine kleine Schatztruhe – wie etwas, das man in ein Tuch wickelt und in der Ecke einer Schublade verstaut, wo niemand es sehen kann, oder das man in eine kleine Vitrine stellt, wo jeder es bewundern kann. Es ist geheimnisvoll, dieses Gefäß, und ich kann mir nicht vorstellen, welchen Zweck es erfüllen soll. Ist ein Parfüm darin, das nach antiken, exotischen Blumen duftet? Oder ist es ein ausgefallener Salzstreuer, den man in der Handtasche mit sich führt, um Pommes frites damit zu würzen?

Ich bin auf einer Konferenz und die Autorin Sheila Walsh steht auf dem Podium und erklärt, dass dieses kleine Fläschchen nur einen einzigen, heiligen Zweck hat: Es ist ein Tränenfänger. Eine Freundin von ihr hat es in einem Antikladen in Israel entdeckt. »Ich habe mal ein wenig nachgeforscht«, fährt Sheila fort, »und herausgefunden, dass solche Tränenfläschchen zur Zeit von Jesus in Rom und Ägypten sehr verbreitet waren. Trauernde fingen ihre Tränen darin auf, wenn sie zu den Grabstätten gingen, um ihre Angehörigen zu bestatten. Es war ein greifbarer Beweis dafür, wie sehr sie die Verstorbenen geliebt hatten.«

Plötzlich verändert sich Psalm 56,9 vor meinen Augen wie ein Kaleidoskop und ich betrachte den Vers aus einer ganz anderen Perspektive. Die trauernden Menschen fingen unterwegs zu den Gräbern ihre *eigenen* Tränen auf. Aber unser Gott, der so außergewöhnlich ist, geht noch einen Schritt weiter: Er fängt *unsere* Tränen auf und geht an unserer Seite, während *wir* Kummer leiden. Das verändert einfach alles. Denn wenn wir unser eigenes Tränenfläschchen bei uns haben, lassen wir unsere eigene Traurigkeit ins Leere hineinfließen. Doch wenn Gott an unserer Seite ist, wenn unsere Tränen in sein Fläschchen tropfen, dann geben wir sie damit in die Hände des Einen, der sie nicht nur trägt, sondern auch verwandelt. »Wenn wir am Abend noch weinen und traurig sind, so können wir am Morgen doch wieder vor Freude jubeln« (Psalm 30,6). Was hoffnungslos erscheint, nimmt Gott und verwandelt es in einen Sieg. Aus Scherben kann er etwas Schönes entstehen lassen. Er kann alles heilen und wiederherstellen.

Sheila Walsh hat dies selbst erlebt. In dunklen Nächten der Depression, in Tälern der Angst und in dem Gedanken, diese Tränen versiegen zu lassen, indem man einfach allem ein Ende setzt. Doch jetzt steht sie vorn auf der Bühne, mit dem kleinen Fläschchen in der Hand, und lädt andere Frauen ein, die Schweres durchmachen, zu ihr nach vorne zu kommen. Und das tun sie auch. Teenager mit pinkfarbenen Streifen im Haar, müde junge Mütter mit Milchflecken auf dem T-Shirt und Großmütter mit ihrer silbernen Haarkrone. Sie sind wie Trauernde, die an diesem Morgen in den Gängen des Saales stehen. Sie halten sich an den Händen, die Herzen offen, die Köpfe gesenkt.

Die Frau vor mir weint eine einzelne Träne. Ich sehe, wie diese einen Moment in der Luft hängt, bis sie verschwindet. Ich stelle mir vor, wie sie in den Tränenfänger kullert, der von einer unsichtbaren Hand gehalten wird. Sie geht dorthin, wo sie mehr sein kann als nur Salz und Wasser, wo sie die geheime Zutat ist für jene Art von Wunder, das Gott gerade dann bewirkt, wenn wir es am wenigsten erwarten. Denn eines ist sicher: Er übersieht keine einzige Träne und keine von ihnen ist bei ihm jemals verschwendet.

Mein Tränenfänger,

du bist der Einzige, der jeden Kummer kennt,
den ich je erlebt habe, und jedes Problem, mit dem ich
konfrontiert wurde. Du hast meine Tränen des Schmerzes,
der Enttäuschung und der Trauer aufgefangen. Danke,
dass du sie alle wie einen Schatz aufbewahrst und
in etwas Neues und Schönes verwandelst. Amen.

ZWANZIG

Wahrheit

Jesus antwortete: »Ich bin der Weg, ich bin die Wahrheit,
und ich bin das Leben!«

JOHANNES 14,6

Unser Auto saust über die Landstraße und die Gespräche, die wir führen, sind mindestens ebenso lebhaft. Meine gute Freundin und ich. Wir reden und lachen, bringen uns gegenseitig auf den aktuellen Stand, von unseren neuesten Frisuren bis zu den schwierigsten Erlebnissen der vergangenen Wochen. Wir machen einen kleinen Ausflug gemeinsam mit unseren Männern, um mal von zu Hause rauszukommen und es uns gut gehen zu lassen. Ich brauche diese Auszeit dringend, das weiß meine Freundin auch.

An einem bestimmten Punkt unseres Gesprächs nimmt sie ihre Tasche und holt ein Tagebuch heraus, das abgegriffen ist, die Ecken mit Tinte verschmiert. Sie findet die Stelle, die sie gesucht hat, und ich sehe meinen Namen in ihrer Handschrift. Sie räuspert sich und beginnt zu erzählen, dass sie immer wieder sehr bewusst und intensiv für mich gebetet hat. Sie sagt, sie hätte einige Fragen an mich, und ich nicke ihr aufmunternd zu. Sie fragt mich nach meinem vollen Terminplan und meinen leeren Kraftreserven. Warum, so will sie wissen, sage ich immer Ja, wenn Anfragen an mich herangetragen werden, die so gar nicht zu meinem Wesen zu passen scheinen? Sie möchte gern verstehen, warum ich in letzter Zeit immer in einem so hektischen Tempo unterwegs bin, eine undurchsichtige Mischung aus äußerem Druck und eigenen Bestrebungen.

Ich kämpfe gegen die Tränen an und meine Freundin erschrickt, weil sie meine Reaktion zunächst missversteht. Sie denkt, sie hätte mich verletzt, aber genau das Gegenteil ist der Fall. Ich fühle mich so geliebt und verstanden. Ich habe das Gefühl, es wert zu sein, dass jemand um mich kämpft, denn sie war mutig genug, diese schwierigen Dinge anzusprechen und die grundsätzlichen Fragen zu stellen. Sie hat mein Lächeln, mein halbherziges »Mir geht's gut« und die Show, die ich abziehe, durchschaut. Statt meine Anstrengungen zu beklatschen, wie so viele es tun, hat sie mir eine Hand auf die Schulter gelegt und mir in die Augen, ja geradewegs ins Herz geschaut. Sie hat mir das gegeben, was ich am dringendsten brauchte, obwohl ich selbst nicht wusste, wie ich darum bitten sollte: jemanden, der mir half innezuhalten und mir klarzumachen, dass ich all das nicht tun musste, um geliebt zu werden.

Das ist nun schon Jahre her, aber wenn ich darüber nachdenke, was Wahrheit wirklich bedeutet, dann fällt mir diese Begebenheit immer ein. Es gab auch andere Menschen, die mir gelegentlich etwas aufgezeigt haben, das in meinem

Leben nicht gut lief. Doch hinter den freundlichen Worten spürte ich eine gewisse Härte, eine verurteilende Haltung oder bestimmte Erwartungen. Was sie sagten, mag von den Fakten her wahr gewesen sein, aber es entsprang keiner liebevollen Einstellung und darum konnte ich es innerlich nicht annehmen. Doch dieses Mal, bei meiner Freundin, war es anders.

Durch sie erkannte ich, was Jesus wirklich meint, wenn er sagt, er sei die Wahrheit. Er ist nicht da, um aufzulisten, was wir alles falsch gemacht haben. Er hält uns auch nicht unsere Charakterfehler vor. Und er erklärt uns auch nicht, warum wir seinem Maßstab nicht gerecht werden. Stattdessen möchte er »die Wahrheit in Liebe leben« und dazu ruft er auch uns auf (Epheser 4,15). Er sagt: »Ich liebe dich. Ich sehe dich. Es ist mir wichtig, was in deinem Herzen und in deinem Leben vor sich geht. Ich weiß, wer du wirklich bist. Das musst du wissen, damit du heil werden kannst.«

Manchmal jedoch verwechseln wir hier etwas. Wir lesen in der Bibel vom Wort Gottes als dem »Schwert, das euch sein Geist gibt« (Epheser 6,17), und denken, wir sollten mit diesem Schwert vor den anderen herumfuchteln. Doch die Wahrheit dient einzig und allein dazu, die Menschen, die wir lieben, zu verteidigen. Das Herz des anderen zu schützen. Zu sagen: »Ich sehe da eine Bedrohung in deinem Leben und ich bin bereit, mich hier für dich einzusetzen.«

Genau das tat meine Freundin damals im Auto bei unserem Ausflug. Das tat Jesus am Kreuz und als er aus dem leeren Grab herauskam. Und das sollen wir auch füreinander tun.

Die Wahrheit ist mehr als Fakten und Meinungen. Die Wahrheit ist eine Person, die uns liebt. Und sie möchte heute in unser Leben hineinsprechen.

Jesus, die Wahrheit,

*du bist der Einzige, der wirklich ganz und gar Wahrheit
und ganz und gar Liebe ist. Hilf mir, das nicht zu vergessen
und selbst auch für andere Menschen so da zu sein.
Schenk mir Worte, die andere tatsächlich ermutigen,
und lass mich offen sein für die Worte,
die du zu meinem Herzen sprechen willst. Amen.*

EINUNDZWANZIG

Haltgeber

Ich weiß: Gott ist mein Helfer!
Ja, der Herr gibt meinem Leben Halt!

PSALM 54,6 (NEUE GENFER ÜBERSETZUNG)

Ich hole mein Tagebuch aus der Nachttischschublade und beginne, noch ganz verschlafen, in geschwungener frühmorgendlicher Schrift zu schreiben. Der Tag gestern kommt mir wieder in den Sinn – die intensiven Sitzungen, die bevorstehenden Termine, E-Mails, die ich noch beantworten muss.

Und ich muss gestehen: So gestresst ich war, begab ich mich gestern doch nicht zum Kreuz, sondern in die Küche. Und als mein Mann nach Hause kam, fragte ich ihn, ob wir nicht abends noch miteinander ausgehen könnten. Ich dachte, das sei das Wundermittel, das ich jetzt brauchte – ein netter Abend auf der Terrasse eines Restaurants, ein Cupcake zum

Dessert und dann zu Hause noch ein Film auf Netflix. Doch als ich später zu Bett ging, war ich immer noch erschöpft. Und jetzt bin ich ebenso wieder aufgewacht. Im Halbdunkel kommt es mir vor, als flüstere Gott meinem suchenden Herzen etwas zu: »Warum lässt du nicht mich derjenige sein, der dir Halt gibt?«

Damit ich nicht missverstanden werde: Ein schönes Essen und die entspannte Zeit, die wir mit lieben Menschen verbringen, sind gute Gaben Gottes. Er schenkt sie uns gern und mit Freude. Ich hatte nicht den Eindruck, Gott wolle mir sagen, dass ich das nicht hätte tun sollen. Er wollte mir eher sagen: »Es hat nicht genügt, um deine Bedürfnisse zu stillen.«

Daraufhin überlegte ich: *Was hätte ich an dem Tag anders machen können?* Vielleicht wäre es ja ganz einfach gewesen: Ich hätte Jesus zu mir in die Küche einladen können. Ich hätte mich zwar auch an den Tisch gesetzt und etwas Leckeres gegessen, aber ich hätte währenddessen mit ihm geredet. Ich hätte ihm von meiner Müdigkeit, meinen Verletzungen und Ängsten erzählt. Von meinem Frust und meiner Erschöpfung. Ich hätte es ihm gestattet, dass er mir wahre Erfüllung schenkt.

Ich wäre zwar mit meinem Mann ausgegangen, aber ich hätte auch Jesus einen Platz an unserem Tisch angeboten. Ich hätte meinem Mann mehr von meinen Sorgen mitgeteilt und ihn gebeten, für mich zu beten. Dann wäre ich nach Hause gefahren, hätte meinen Pyjama angezogen und den Film auf Netflix angeschaut. Ich hätte Jesus gebeten, mich in seine Liebe einzuhüllen und sie wie eine weiche Decke um mich zu legen. Und später beim Einschlafen hätte ich ihm all meine Sorgen anvertraut.

Halt geben bedeutet doch »stärken und unterstützen« und so beginne ich langsam zu lernen, dass ich mich lieber auf Jesus stützen sollte als auf oberflächliche weltliche Dinge, die mein Gewicht nicht tragen können. Diese sind nicht »schlecht«, aber manchmal erwarten wir von ihnen mehr, als sie uns geben können. Ein Cupcake kann mein Herz nicht heilen. Eine weitere Folge meiner Lieblingsserie schenkt mir keinen Frieden. Das alles hat seinen Platz und kann zu meiner Entspannung beitragen. Deshalb brauchen wir uns also nicht schuldig zu fühlen. *Aber diese Dinge sind nur nette Ergänzungen; sie geben keinen wahren Halt.*

Das Wunder jedoch ist: Der Gott des Universums, der Schöpfer aller Cupcakes, der dafür sorgt, dass die Erde sich weiterdreht und der auch unser Herz geschaffen hat – er sagt, dass er unserem Leben Halt geben will. Das fühlt sich groß und geheimnisvoll an. Aber ich denke, letztendlich bedeutet es ganz einfach, dass wir Gott in unseren Alltag einladen, dass es seine Schulter ist, an die wir uns anlehnen, dass wir ihn bitten, uns durch seine Liebe Kraft und Unterstützung zu geben.

Ich sitze auf meiner Bettkante und flüstere: »Ja, Herr, sei du heute mein Haltgeber.« Es ist ein Gebet, das er immer erhört und das alle sprechen können, die unter Stress leiden.

Mein Haltgeber,

danke, dass ich zu dir kommen kann, egal was ich brauche und egal wie mein Tag war. Du schenkst mir so viel Gutes und du selbst bist immer das Beste. Hilf mir, bei dir Kraft, Hoffnung und Freude zu finden. Amen.

ZWEIUNDZWANZIG

Versorger

Aus seinem großen Reichtum wird euch Gott, dem ich gehöre,
durch Jesus Christus alles geben, was ihr zum Leben braucht.

PHILIPPER 4,19

Ich stehe am Herd, brutzele mir zwei Spiegeleier und habe das Gefühl, dass mein Bett mich wieder zu sich zurückruft wie ein quengelndes Kleinkind. Während ich warte, bis mein Frühstück fertig ist, höre ich die Sprachnachricht ab, die meine Freundin mir geschickt hat. Ich schalte den Lautsprecher meines Handys ein und ihre Stimme erklingt in meiner Küche, als würde sie hier direkt neben mir stehen. Wir führen ein fortdauerndes Gespräch, meine Freundin und ich, das immer wieder unterbrochen und in ruhigen Momenten fortgesetzt wird. Im Auto, in der Waschküche, im Café und spätabends auf dem Sofa. Heute Morgen stellt sie mir die Frage: »Wie ist es für dich, verheiratet zu sein?«

Ich stehe da und denke darüber nach, immer noch im Schlafanzug, die Hände in die Hüften gestemmt, mit zerzaustem Haar und verschlafenem Blick. Vielleicht ist es ja dieser noch nicht ganz wache Zustand, der mich dazu bringt, ihr sofort zu antworten, statt erst einmal abzuwarten und eine Weile über der Frage zu brüten. Ich drücke auf den kleinen Knopf, der ihr meine Antwort schickt:

»Als Erstes fällt mir dazu ein, dass Gott weiß, was wir brauchen. Er trifft für uns eine viel bessere Wahl, als wir es getan hätten.« Ich erzähle ihr, dass mein Mann und ich bei einem Persönlichkeitstest normalerweise als »unvereinbar gegensätzlich« bezeichnet werden. Unter anderem deshalb, weil mein Mann auf der praktischen Skala einen ziemlich hohen Punktewert hatte und ich auf der emotionalen. Aber Jesus, so füge ich hinzu, wusste, wie unsere Wege verlaufen, wie unsere Lebensgeschichten sich entwickeln würden. Darum gab er mir nicht das, was in einem Hollywoodstreifen ein Happy End gewesen wäre, sondern das, was wirklich das Beste ist.

Dabei denke ich auch an die Geschichte unserer Tochter. Zehn Jahre lang haben wir uns nichts sehnlicher gewünscht als ein Kind. Und dann bekamen wir eine Zwanzigjährige, die fast schon die Hoffnung aufgegeben hatte, dass sie jemals Eltern finden würde. Unsere Familie ist seltsam und wunderbar zugleich und passt so gut in den Freiraum unseres Herzens hinein, als ob sie genau dafür geschaffen wurde. Denn das wurde sie auch.

Gott erfüllt unsere Bedürfnisse »aus seinem großen Reichtum ... durch Jesus Christus« (Philipper 4,19). Das ist mehr als nur ausreichend, es ist überfließend. Außergewöhnlich und unbegrenzt. Doch noch viel wichtiger ist für mich, dass es etwas *Persönliches* ist. Wenn Gott für uns sorgt, dann geschieht das nicht nach dem Nullachtfünfzehn-Prinzip. Der Eine, der jedes Haar auf unserem Kopf zählt, kennt auch jede Sehnsucht in unserem Herzen.

Das bedeutet nicht, dass uns jeder Wunsch erfüllt wird. Gott verspricht uns nämlich nur das, was besser ist als das, was wir wollen – was wir nämlich wirklich brauchen. Und das Geheimnis dabei ist, dass nur er allein weiß, was das ist. Wir mögen es aussprechen oder ausrechnen, auflisten oder beschreiben. Aber wir sind nur Amateure, die raten und zu begreifen versuchen.

Wenn ich zurückschaue auf die Gebete, die ich gesprochen, und die Wünsche, die ich geäußert habe, dann bin ich dankbar, dass recht viele davon mit einem wohlwollenden *Nein* beantwortet wurden. Ansonsten wäre ich am Weihnachtsmorgen mal mit einem neuen Pony, mal mit einem Affen oder einer großen Schildkröte neben mir aufgewacht. Für all dies hatte ich zwar Platz in meiner kindlichen Fantasie, nicht aber in meinem Zimmer.

Allerdings gibt es auch andere Gebete, an die ich traurig und verunsichert zurückdenke. Sie werden bis in Ewigkeit ein Geheimnis bleiben. Und es ist ein Trost, dass ich den Einen kenne, der das versteht. Der mich mehr liebt, als ich es begreifen kann. Der Gott, der uns seinen eigenen Sohn gegeben hat, enthält uns ganz bestimmt nichts vor und er hält auch nichts vor uns zurück. Er weiß, was Schmerz und Sehnsucht bedeuten. Er geht nicht leichtfertig mit unseren Wünschen und Enttäuschungen um.

Ich lasse die Spiegeleier aus der Pfanne auf den Teller gleiten, wo sich schon der Rest meines Frühstücks befindet, und schenke mir noch eine Tasse Kaffee ein. Ich betrachte das, was an diesem Morgen vor mir auf dem Teller liegt. Es ist gut. Es ist mehr als genug. Ich senke den Kopf und spreche ein Dankgebet.

Mein Versorger,

du kennst nicht nur meine Bedürfnisse, sondern auch meine Wünsche, Sehnsüchte und Hoffnungen. Danke, dass du herausfindest, was das Beste für mich ist, auch wenn ich es manchmal nicht verstehe. Ich möchte dir und deinem Plan an diesem Tag vertrauen. Amen.

DREIUNDZWANZIG

Lehrer

Der Herr ist gut und gerecht. Darum führt er die auf den richtigen Weg zurück, die ihn verließen. Allen, die ihre Schuld eingestehen, zeigt er, was richtig ist und wie sie nach seinem Willen leben sollen. In Liebe und Treue führt er alle, die sich an seinen Bund und seine Gebote halten.

PSALM 25,8-10

Der Rasen ist an diesem frühen Morgen noch nass, als wir die Stühle aufklappen, die wir mitgebracht haben. Das Spielfeld vor uns ist mit weißen Linien markiert. Dazwischen tummeln sich kleine Kinder wie bunte Blumen. Mit kurzen Haaren oder einem Pferdeschwanz, mit roten und blauen Trikots und rutschenden Socken. Wir setzen uns und stellen uns darauf ein, die Mannschaften anzufeuern. Dann ertönt ein Pfiff und das Chaos beginnt. Das Objekt der Begierde ist in diesem

Moment ein Fußball und er wird von beiden Seiten energisch attackiert.

Allerdings gibt es auch Ablenkungen. Ein Mädchen bemerkt einen Hund, der von seinem Besitzer am Rand des Spielfelds spazieren geführt wird. Sie will eigentlich den Ball kicken, doch dann bleibt sie stehen und ruft: »Mama, schau mal, der kleine Welpe!« Ein anderes Kind ist von den Wolken fasziniert, die am Himmel über uns hinwegziehen. Ein besonders ehrgeiziger Junge will schwungvoll den Ball treten, doch dann ist es ein Erdklumpen, der durch die Luft fliegt, immer höher und höher. Alle schauen mit offenem Mund zu. Mein sportlich begabter Neffe schüttelt nur den Kopf. Er ist der Torhüter.

Mitten in dem Getümmel ist auch der Schiedsrichter, ein braunhaariger Mann mittleren Alters mit einem hellgelben T-Shirt. Am Anfang fällt er mir nicht besonders auf. Er tut, was ein Schiedsrichter tun soll, nämlich dem Spiel seinen Lauf lassen, ohne es zu stören. Doch als die Kinder ein paar Fehler machen, beginne ich ihn zu beobachten. Als der Ball über die Linie am Spielfeldrand geschossen wird, erklärt der Schiedsrichter ganz ruhig, was ein Aus bedeutet. Ein blond gelockter Kopf nickt aufmerksam. Jemand berührt den fliegenden Ball mit der Hand und ich beobachte das anschließende Gespräch, das mit Händen und Füßen geführt wird. Der Schiedsrichter erklärt dem erstaunten Spieler, warum das nicht erlaubt ist. Wieder ein Nicken. Ein Lächeln. Eine der kleinen Spielerinnen verzieht ihr Gesicht, als ob sie gleich zu weinen anfinge, als der Schiedsrichter pfeift. »Ist schon gut«, tröstet er sie. »Ist gar nicht so schlimm.« Dann erklärt er ihr, wie sie es das nächste Mal anders machen soll.

Vielleicht ist es gerade diese letzte Begebenheit, die mich besonders anrührt. Denn auch ich bin wie das kleine Mädchen: Trotz bester Absichten kicke ich den Ball immer wieder über die Linie ins Seitenaus. Und mache mir sofort innerlich Vorwürfe, noch bevor irgendjemand etwas dazu sagen kann. Ich stelle mich auf eine Strafe, eine Ermahnung, eine peinliche Disziplinarmaßnahme ein. Doch Gott in seiner Liebe und Güte kommt zu mir, beugt sich zu mir herunter und sagt: »Ist schon gut. Ist gar nicht so schlimm.« Und dann erklärt er mir, wie ich es das nächste Mal anders machen kann. Und genau darin besteht das Wunder: dass es immer ein nächstes Mal gibt.

Diese Kinder sind ja keine Rebellen. Sie sprühen keine Graffiti an die Torpfosten. Sie stellen ihren Gegnern kein Bein und sie klauen auch keine Getränke aus den Sporttaschen. Dann wäre eine andere Reaktion angemessen. Sie müssen einfach noch *lernen*. Und das ist das eigentliche Ziel der ganzen Unternehmung und nicht der eckige Kasten am anderen Ende des Spielfelds. Das vergessen wir viel zu oft. Denn wenn wir etwas vermasselt haben, einfach weil wir fehlerhafte Menschen sind, weil wir es eben nicht besser wissen, dann kauern wir uns trotzdem auf den Boden und fürchten uns, denn wir meinen, dass jeden Moment ein großer, zorniger Gott kommt und uns zur Rede stellt. Ja, er wird tatsächlich kommen. Aber er wird uns eher ermutigen, uns Weisungen geben und uns helfen dazuzulernen. Er ist geduldig, so geduldig.

Schließlich geht das Fußballspiel zu Ende und die kleinen Spieler sausen zum Rand des Platzes. »Gut gemacht«, bekommen sie zu hören. Wir Zuschauer, die wir auf unseren Stühlen auf sie gewartet haben, springen auf, umarmen die kleinen Sportler, loben sie und klopfen ihnen anerkennend auf den Rücken. Ich sehe, wie auch der Schiedsrichter den Platz verlässt. Im Vorbeigehen streicht er einem Kind, das an der Seitenlinie steht, kurz über den Kopf. »Gut gemacht«, sagt er. »Das war ein gutes Spiel.«

Mein Lehrer,

danke, dass du so sanft, freundlich und geduldig mit mir umgehst. Ich bin so froh, dass du durch meine Fehler hindurch auf mein Herz schaust. Du liebst mich so, wie ich heute bin, und du hilfst mir, für morgen dazuzulernen und zu wachsen. Amen.

VIERUNDZWANZIG

Der mich heiligt

*Weil Jesus Christus den Willen Gottes erfüllt und
seinen eigenen Leib als Opfer dargebracht hat,
sind wir jetzt ein für alle Mal geheiligt.*

HEBRÄER 10,10 (NEUE GENFER ÜBERSETZUNG)

Ich gehe zum Tresen. Die Barista hat tiefschwarzes Haar, das
sie zu langen Zöpfen geflochten hat. Sie ist gepierct, trägt ein
Shirt in herbstlichem Burgunderrot und lächelt mich freundlich an, als sie mich fragt, was ich gern hätte. Darauf könnte
man vieles antworten, doch ich bleibe besser beim Kaffee und
bestelle einen großen Latte mit Mandelmilch. Mein Getränk
zum Mitnehmen, meine Rettungsdecke in Form eines Papp-
bechers, an den ich mich klammere, bis der letzte Tropfen getrunken ist und ich ihn widerwillig wegstellen muss. Sie dreht
den kleinen Bildschirm zu mir hin, auf dem meine Bestellung

steht und wo ich unterschreiben muss. Dabei lacht sie und gesteht: »Ich habe das zweite *l* in Ihrem Namen vergessen.«

Tatsächlich hat sie auch noch das *e* vergessen und so sehe ich nun *Holy* vor mir stehen – *heilig*. Fast möchte ich rot werden, den Namen mit der Hand verdecken und das Ganze als Lüge bezeichnen. Ich muss an die spitzen Bemerkungen denken, die ich beim Frühstück habe fallen lassen. An die Fahrt im Auto, als ich mir Sorgen gemacht und zugelassen habe, dass meine »Was-wäre,-wenn«-Gedanken völlig außer Kontrolle geraten sind wie ein Lastwagen, der nicht mehr zu bremsen ist. Der Bibelvers fällt mir wieder ein, den ich heute Morgen im Bett gelesen und bereits jetzt durch mein Fehlverhalten in tausend Stücke geschreddert habe. Dabei ist es erst neun Uhr morgens.

Und doch erkenne ich in diesem Moment auch, dass ich heute nicht das erste Mal *heilig* genannt werde. Gott hat es bereits zuvor getan: »Weil Jesus Christus den Willen Gottes erfüllt und seinen eigenen Leib als Opfer dargebracht hat, sind wir jetzt ein für alle Mal geheiligt« (Hebräer 10,10). Das ist seltsam und geheimnisvoll und auch ein wenig skandalös. Es ist, als würde man einen Bettler König nennen oder die Promenadenmischung zum Champion einer Rassehunde-Ausstellung machen. Es ist erstaunlich und beunruhigend zugleich. Tröstend und inspirierend. Etwas, das nur unser gnädiger Gott tun würde.

Solange wir hier auf der Erde leben, befinden wir uns ständig in dem Prozess, das zu werden, was wir eigentlich schon sind. Wir *handeln* nicht immer heilig. Aber wir *sind* immer noch heilig aufgrund dessen, was Jesus für uns getan hat.

Die Barista bemerkt mein langes Zögern und meine gerunzelte Stirn. »O, keine Sorge«, versichert sie mir, »wir werden Sie nicht mit diesem Namen aufrufen!« Wir beide grinsen ein bisschen bei dem Gedanken, dass alle Leute im Café sich umdrehen, um zu sehen, wer bei dem Aufruf »Holy!« nach vorne geht.

Allerdings muss ich sagen, dass ich schon auf schlechtere Namen reagiert habe: auf »nicht gut genug« und »Enttäuschung« und »ungeliebt«. Diese Bezeichnungen werden mir vom Feind meiner Seele entgegengeschleudert, der mir Fallen stellen und mich herabwürdigen will. Doch wenn wir Jesus nachfolgen, brauchen wir darauf nicht zu achten. Denn in Kolosser 1,22 heißt es: »Jetzt hat Gott euch mit sich versöhnt durch den Tod, den Christus in seinem irdischen Körper auf sich nahm. Denn Gott möchte euch zu Menschen machen, die heilig und ohne irgendeinen Makel vor ihn treten können und gegen die keine Anklage mehr erhoben werden kann« (Kolosser 1,22; Neue Genfer Übersetzung).

Der letzte Teil des Verses spricht mich besonders an: *gegen die keine Anklage mehr erhoben werden kann*. Mit anderen Worten: Auf Gottes Spielfeld sind keine Beschimpfungen erlaubt. Hier bekommen wir alle einen neuen Namen: Erwählte, Angenommene, Geliebte, Freigesprochene und noch vieles mehr. Dies alles ist eng miteinander verwoben, es ist wie eine einzige Proklamation. Und ja, »Heilige« gehört auch dazu.

Ich finde einen freien Tisch und ein paar Minuten später höre ich es: »Holley!« Ich gehe hin und hole, was mir gehört. Niemand hat mein Gespräch mit der Barista mit angehört. Es hat sich in die espressogetränkte Luft aufgelöst und schwebt irgendwo unsichtbar über mir. Während ich Platz nehme, denke ich: *Ich kenne die Wahrheit. Ich kenne die ganze Geschichte.*

Allerdings meine ich damit mehr als nur die Sache mit dem Kaffee: Ich berufe mich auf das, was Gott mir zugesagt hat, und danke ihm, weil er uns immer wieder daran erinnert, wer wir wirklich sind.

Mein Gott, der mich heiligt,

danke, dass du mein Herz in einer so tiefen Weise gereinigt hast. Ich kann das weder sehen noch kann ich es mir vorstellen. Danke, dass du mich mit dem Namen rufst, der wirklich zum Ausdruck bringt, wer ich in dir bin, und danke, dass du mich von allen Anschuldigungen befreit hast. Hilf mir, deine Stimme mehr als alle anderen Stimmen zu hören. Amen.

FÜNFUNDZWANZIG

Befreier

Der Herr ist mein Fels, meine Festung und mein Erretter.

2. SAMUEL 22,2

Die Tür öffnet sich und der Duft eines scharfen Eintopfes, der auf dem Herd köchelt, schwebt mir entgegen und verbreitet eine Willkommensatmosphäre. Ein warmes, deftig gewürztes, einladendes Essen und zugleich eine kleine Herausforderung. Das scheint gut zu dem vor uns liegenden Abend zu passen. Mein Mann und ich nehmen das erste Mal an einem neu gegründeten Hauskreis teil und ich bin ein bisschen aufgeregt. Ich spiele mit dem Armband an meinem Handgelenk, als hätte es magische Kräfte, und komme mir vor wie ein Mädchen an seinem ersten Tag auf der Highschool. Als ob das Armband bewirken könnte, dass die anderen mich mögen, meinen dunklen Haaransatz nicht bemerken und meinen unbeholfenen Small Talk überhören. Sie sollen lächeln, mir zunicken und mich fragen: »Wollen wir Freunde sein?«

Wir setzen uns und ich stelle fest, dass die anderen sehr nett sind. Ich atme erleichtert auf und nehme den Löffel in die Hand. Es gibt goldgelbes Maisbrot, Butter, Cranberrys und Apfelkuchen. Das Besteck klappert und die Eiswürfel klingeln in den Gläsern. Wir unterhalten uns ungezwungen und lachen ein bisschen miteinander.

Nach dem Essen nehmen wir auf Sesseln und Stühlen rund um den Wohnzimmertisch Platz. Unsere Bibeln haben wir auf dem Schoß liegen wie zufriedene Babys mit samtiger Haut. Im Markusevangelium lesen wir von einem Mann, den das Böse so sehr im Griff hat, dass er in den Grabstätten außerhalb der Stadt leben muss. Keine Fesseln können ihn halten, doch innerlich ist er komplett gefangen. Dann macht sich Jesus auf den Weg zu ihm, fährt in einem Boot zusammen mit seinen Jüngern quer über den See, um dorthin zu gelangen. Er geht zu dem Ausgestoßenen und treibt die Dämonen aus, die ihn gefangen gehalten haben.

Was mich jedoch noch mehr beeindruckt und worüber ich die ganze Zeit über nachdenke, ist das, was danach geschieht. Der Mann möchte mit Jesus mitgehen. Doch Jesus entgegnet ihm: »Geh nach Hause zu deiner Familie und erzähle ihnen, welches große Wunder der Herr an dir getan hat und wie barmherzig er mit dir gewesen ist« (Markus 5,19). Fünf Minuten vorher war dieser Mann noch ein Botschafter der Finsternis. Sein Leben war eine Katastrophe. Eine Befreiung oder Rettung schien unmöglich. Und jetzt, direkt danach, sagt Jesus: »Ich traue dir zu, dass du mein Botschafter wirst. Ich möchte, dass du mich repräsentierst. Ich habe einen göttlichen Auftrag für dich.«

Ich hätte bestimmt protestiert und ihm geantwortet: »Ich brauche mehr Zeit, um mich darauf vorzubereiten. Ich muss

Theologie studieren. Noch mehr Predigten hören. Konferenzen besuchen, hundert Bücher lesen und ein Dutzend Mentoren haben.« Doch bei Jesus gibt es nur eine Voraussetzung für den Dienst: die Bereitschaft, aufrichtig von der eigenen Befreiung zu erzählen. Und zwar nicht die beschönigte, überarbeitete und aufpolierte Version. Sondern die Geschichte, wie wir mitten im Tod gelebt und dann plötzlich das Leben entdeckt haben. Wie wir die anderen, die wir geliebt haben, von uns gestoßen haben und die Liebe dann doch noch zu uns kam. Die Version, in der wir der Bösewicht sind, bis jemand kommt, der mehr in uns sieht und uns eine Heldenmission aufträgt.

Wir alle sind dieser Mann. Denn diese Geschichte wirft ein Licht voraus auf die Auferstehung. Jesus ist wegen uns gekommen. Er hat die Gräber erobert und uns befreit. Er hat uns ausgesandt. Und jetzt liegt es bei uns zu entscheiden, wie wir damit umgehen wollen. Wagen wir zu glauben, dass wir ihm dienen können, so wie wir sind, mit unserer Vergangenheit, unseren Katastrophen, unseren Fehlern?

Ich bin froh, dass ich an diesem Abend so gekommen bin, wie ich war. Und plötzlich erkennt unsere kleine Gruppe dort im Wohnzimmer, wo immer noch der scharfe Duft von Chili im Raum schwebt: Gott möchte nicht die Klugen, sondern die Bereitwilligen. Nicht die Fehlerlosen, sondern die Treuen. Wir brauchen keine schriftliche Genehmigung, keinen Lebenslauf, keine makellose Vergangenheit und keinen Hochschulabschluss – wir brauchen nur die Geschichte von dem Gott, der uns liebt und uns befreit. Und eine solche haben wir alle zu erzählen.

Mein Befreier,

*du hast das für mich getan, was ich selbst nie hätte tun
können. Du hast mich aus der Finsternis herausgeholt
und ins Licht geführt. Du hast mich gerettet und befreit.
Bitte gib mir heute die Gelegenheit, von deiner Liebe, Gnade
und Kraft zu erzählen. Amen.*

SECHSUNDZWANZIG

Zuflucht

Ihr Menschen, vertraut ihm jederzeit und
schüttet euer Herz bei ihm aus! Gott ist unsere Zuflucht.

PSALM 62,9

Ich nehme im Café an einem langen Holztisch Platz, der viele Macken und raue Kanten hat. Er hat wohl schon manche Tage gesehen, so einiges erlebt an Gesprächen und Schweigen. Heiße Kaffeetassen und viele Hände, die ihre Spuren an ihm hinterlassen haben. Ich fühle mich ihm an diesem Morgen irgendwie verbunden und setze darum meinen Laptop sanft auf ihm ab.

Mir gegenüber sitzen zwei Männer. Der eine ist breitschultrig und trägt einen Anzug an diesem gewöhnlichen Donnerstagmorgen. Das Jackett spannt auf seinem Rücken, die Nähte scheinen fast zu platzen. Der andere Mann trägt eine Brille und gestikuliert viel beim Reden; das Gesicht ist zerfurcht von Falten wie eine Landkarte mit vielen Flüssen. Ich merke, dass die beiden Pastoren sind. Während ich vor mich hin tippe, reden sie über Theologie und Politik, über kirchliche Themen und uralte Wahrheiten. Ich achte wenig auf die beiden, bis der Mann mit der Brille laut wird. Er besteht auf irgendetwas und wiederholt es wie Hammerschläge.

»Deine Gefühle spielen doch keine Rolle. Du musst dich auf die Fakten gründen.« Seine Worte treffen auch mich. Plötzlich fühle ich mich wieder wie das kleine Mädchen in der Kirchenbank, das sich an sein Gesangbuch klammert und erschrocken auf den Mann starrt, der da oben auf der Kanzel steht. Das an so vielen Sonntagen einen Kloß im Hals hat, den es nur mühsam hinunterschluckt. Und auch an die Tage, als eine Freundin an der Highschool es beim Mittagessen mit einer spitzen Bemerkung verletzt. Als ihr Herz gebrochen wird. Als ein Traum zerplatzt. Wenn jemand, den es liebt, immer kaltherziger wird. Dann kommt es immer wieder, dieses »Deine Gefühle spielen doch keine Rolle. Du musst dich auf die Fakten gründen«.

Der Mann spricht davon, dass er seine Frau verloren hat. Er sagt, er müsse einfach daran denken, dass sie bei Jesus ist. Am liebsten möchte ich zu ihm hingehen und ihn an der Schulter rütteln. Ich möchte ihm ein Taschentuch in die Hand drücken und seinen Kopf auf meine Schulter legen, als sei er ein kleiner Junge. Dann möchte ich ihn ermutigen zu weinen, bis jemand ein Wischtuch holen muss, weil sich auf dem Boden eine Pfütze gebildet hat. »Du liegst falsch«, möchte ich ihm sagen. »Du meinst es sicherlich gut, aber du liegst falsch.«

Denn wir haben einen Gott, der sich unsere Zuflucht nennt. Und eine Zuflucht ist ein Ort, an den wir fliehen können, wenn wir verletzt oder verängstigt sind. Eines weiß ich nämlich ganz genau: Unsere Zuflucht weinte am Grab eines

Freundes. Er schlief auf einem Boot ein. Er warf im Tempel die Tische der Händler um, weil er sich so über sie ärgerte. Er fühlte Schmerzen, aber er konnte auch lächeln und lachen. Und er weiß auch heute noch, wie es ist, ein Mensch zu sein. Ja, wir sind sogar als Ebenbilder Gottes geschaffen, die Gefühle haben. Darum ist es falsch, wenn wir sagen, beim Glauben ginge es nur um Fakten. Das bedeutet dann nämlich, dass wir das Herz Gottes aus unserem Leben entfernen. Wir können Gottes Wesen nie ganz erfahren, wenn wir nicht unser Wesen in seinem ganzen Umfang annehmen, diese unberechenbare, lebendige Erfahrung des Lebens hier auf der Erde.

Sicherlich können Fakten uns Sicherheit geben und sie haben ihren festen Platz, aber sie sind auch kalt und hart. Wenn wir in ihnen Trost suchen, ist es so, als wollten wir auf dem Asphalt schlafen. Doch Jesus empfängt uns mit offenen Armen und einem Herz voller Gnade. Seine Liebe ist stark und entschlossen und sie tröstet uns mit großer Macht. »Ihr Menschen, vertraut ihm jederzeit und schüttet euer Herz bei ihm aus! Gott ist unsere Zuflucht« (Psalm 62,9). Das ist die Einladung. Wir sollen nicht mit unseren hochfliegenden Gedanken zu ihm kommen, sondern mit unseren Verletzungen und Tränen, mit unserer Menschlichkeit und Zerbrochenheit, mit unseren weichen und empfindlichen Stellen.

Die beiden Pastoren stehen auf. Sie nehmen ihre sauber unterstrichenen Notizen mit. Einer klemmt sich einen Aktenordner unter den Arm, der andere nimmt einen dünnen weißen Umschlag mit. Wahrscheinlich wird der Witwer jetzt zurückkehren in sein altes Haus, wo seine Schritte durch den Flur hallen und der Platz am Tisch gegenüber leer bleibt. Ich hoffe, dass er eines Tages aufschaut und bemerkt, dass Jesus dort sitzt und nur darauf wartet, dass er die Fakten beiseitelegt wie eine alte Zeitung.

Ich möchte mich nicht auf die Fakten gründen; ich will mich einzig und allein auf Jesus gründen.

Meine Zuflucht,

du gehst so behutsam mit meinem Herzen um. Danke,
dass du mich mit Gefühlen geschaffen hast und dass du selbst sie
alle erlebt hast, während du als Mensch hier auf der Erde warst.
Du verstehst mich wirklich und du bist der sichere Ort, an den
ich immer fliehen kann. Auf dich kann ich mich gründen. Amen.

SIEBENUNDZWANZIG

Der Wachstum schenkt

Es ist nicht so wichtig, wer pflanzt und wer begießt;
wichtig ist allein Gott, der für das Wachstum sorgt.

1. KORINTHER 3,7

Ich breite die Karten auf dem Tisch aus wie ein Croupier in einem Casino von Las Vegas. »Nimm dir eine, egal welche«, fordere ich Mark auf. Er zieht skeptisch eine Augenbraue hoch und greift nach einer Karte. Glücklicherweise sind wir hier jedoch nicht bei einem Gewinnspiel und es gibt weder ein Pikass noch eine Herzdame. Was Mark jetzt in der Hand hält, ist eine simple weiße Karteikarte, auf der etwas in unordentlicher Handschrift und mit schwarzer Tinte geschrieben steht. Jeden Morgen schreibe ich einen Namen Gottes zusammen mit einem passenden Bibelvers auf eine solche Karte und habe inzwischen schon einen ansehnlichen

Stapel beisammen. Mark hat die Karte mit der Aufschrift »Der Wachstum schenkt« gezogen und der Vers dazu lautet: »Es ist nicht so wichtig, wer pflanzt und wer begießt; wichtig ist allein Gott, der für das Wachstum sorgt« (1. Korinther 3,7).

Er lächelt und sagt: »Ausgerechnet diese Karte …« Er braucht mir nichts weiter zu erklären. Wie es so ist bei Paaren, die schon lange verheiratet sind, genügt manchmal nur ein Stichwort und ich weiß, was er sagen will. Genau das brauchen wir jetzt von Gott: dass er uns Wachstum schenkt. Wir befinden uns nämlich mitten in einer Art Wachstumsperiode – neue geschäftliche Optionen für Mark, ein neues Buchprojekt für mich und ein Enkelkind, das sich uns beiden angekündigt hat.

Wie leicht meinen wir in solchen Zeiten, dass alles allein von uns abhängt. Vielleicht geht es Ihnen manchmal auch so. Sie schauen Ihre Kinder an und denken: *Ich muss dafür sorgen, dass sie im Glauben an Gott aufwachsen.* Sie betrachten Ihre Arbeit und flüstern: *Ich muss sicherstellen, dass das hier ein Erfolg wird.* Sie spüren den Traum, der wie ein Ei im Nest Ihres Herzens liegt, und sagen sich: *Ich muss dafür sorgen, dass er Flügel bekommt.*

Doch in Wirklichkeit können *wir nichts zum Wachsen bringen.* Dieser Gedanke scheint so gar nicht in unsere Kultur zu passen, wo wir uns abmühen und abkämpfen, eine Menge auf uns nehmen, um die Dinge zu verwirklichen. Und doch ist es eine Realität, die uns den inneren Frieden zurückgeben kann, unseren Atem ruhiger werden lässt und uns mehr Freude in unseren Beziehungen schenkt.

Dass wir selbst nichts zum Wachsen bringen können, heißt aber nicht, dass wir den ganzen Tag über auf dem Sofa herumsitzen sollen. Der weise König Salomo schreibt: »Säe am Morgen deine Saat aus, leg aber auch am Abend die Hände nicht in den Schoß! Denn du weißt nicht, ob das eine oder das andere gedeiht – oder vielleicht sogar beides zusammen« (Prediger 11,6).

Mit anderen Worten: Unsere Rolle ist der tägliche Gehorsam Gott gegenüber und Gottes Rolle besteht darin, für das Ergebnis zu sorgen.

Wir nehmen uns bewusst Zeit, unseren Kindern geistliche Nahrung zu vermitteln, obwohl wir sie nicht zum Glauben zwingen können.

Wir verrichten unsere Arbeit gut und liefern die beste Qualität ab, auch wenn das Ergebnis des Projektes unsicher ist.

Wir gehen den nächsten Schritt, um unseren Traum zu verwirklichen, obwohl es uns schwer und riskant vorkommt.

Wir sollen zuverlässige Mitarbeiter, liebevolle Eltern und fleißige Träumer sein. Wie ein Landwirt, der sät und bewässert, sollen wir das tun, was in unserem Verantwortungsbereich liegt. Doch am Ende geben wir alles in Gottes Hand.

Das verändert vieles, denn es bedeutet, dass wir nicht die Last dessen tragen müssen, was letztendlich dabei herauskommt. Und es bestimmt auch nicht unsere Identität. Wenn etwas schiefgeht, ist das kein Beweis dafür, dass wir nicht gut genug waren; und wenn wir Lob bekommen, bedeutet das nicht, dass wir wie Götter verehrt werden sollen. Beides wäre eine zu große Last für uns. Stattdessen können wir Lob und Kritik an Gott abgeben und einfach das tun, worum er uns als Nächstes bittet.

Und bei all dem können wir uns auf die folgende Verheißung von Jesus stützen: »Wer mit mir verbunden bleibt, so wie ich mit ihm, der trägt viel Frucht« (Johannes 15,5). Es wird Wachstum geben und es wird auch Frucht geben. Vielleicht sieht es nicht so aus, wie wir es geplant haben, aber alles geschieht zu seiner Zeit.

Mark und ich senken den Kopf und beten. Zeit für einen neuen Tag.

Mein Gott, der das Wachstum schenkt,

manchmal lebe ich so, als ob alles von mir abhängt. Danke, dass ich mich ganz und gar auf dich verlassen kann. Hilf mir, heute im Gehorsam dir gegenüber zu leben und dir alles andere zu überlassen. Du bist der, der für das Wachstum sorgt. Du bist der, der Leben schenkt. Durch dich verändert sich alles. Du wirkst heute auf geheimnisvolle und mächtige Weise in meinem Leben. Amen.

ACHTUNDZWANZIG

Friede

Er wird … dauerhaften Frieden bringen.

JESAJA 9,6

Die Lichter in der Kirche sind gedämpft, aber der Gesang der Gemeinde erhebt sich klar und deutlich. Er steigt nach oben zu den Balken an der Decke und fließt an den Wänden wieder herab wie Wasser. Ich schließe die Augen und höre zu, meine Gedanken gehen ein Jahr zurück.

Damals stand ich auch hier und fühlte mich wie eine Soldatin, die sich nach der Schlacht in ihr Fort zurückgeschleppt hat. Blutig und verwundet, die Rüstung verbeult, das Schwert an der Seite hängend. »Ich werde weiterkämpfen«, schwor ich mir damals. »Ich gebe nicht auf.« Dann sank ich innerlich zusammen, völlig erschöpft, und betete: »Jesus, hilf mir.«

Und das hat er getan. Er hat mich gerettet aus den Depressionen und Ängsten, die mich auseinanderzureißen drohten, die mir das Herz brechen und mit ihren lodernden Fackeln jede Spur von Freude zu Asche verbrennen wollten. Immer wieder zogen sie gegen mich in den Krieg. Doch mitten in meiner Erschöpfung wurde Jesus meine Kraft. Er befreite mich immer wieder. Mithilfe eines Therapeuten und eines Arztes und mit der Unterstützung meiner engsten Freunde konnte ich überleben. Und jetzt, ein Jahr später, bin ich sogar aufgeblüht.

Als der Pastor an jenem Abend, als wir die erste Adventskerze anzündeten, von Frieden sprach, sah ich es mit ganz neuen Augen. Noch vor einem Jahr dachte ich, Friede sei nur so etwas wie Ruhe und Stille. Die Abwesenheit von etwas. Doch nun wusste ich, dass Friede eher die Anwesenheit von jemandem ist.

Und noch etwas hatte ich gelernt: Es gibt einen Frieden, der sich nur nach dem Krieg einstellt. Ich konnte immer noch den Brandgeruch in der Luft wahrnehmen. Ich konnte meine Narben berühren und meine Finger über die Beulen in meiner Rüstung gleiten lassen. Ich würde es niemals vergessen.

Das hebräische Wort für Frieden ist *Schalom*. Es spricht von einem Ganzwerden, einem Heilsein. Inzwischen kann ich besser verstehen, warum Friede aus Zerbrochenheit und Leere entsteht, gerade an den dunklen Orten, wo wir es am wenigsten erwarten. Ich habe es erlebt und habe es durchgestanden, weil Jesus es auch erlebt hat. »Er wurde für uns bestraft – und wir? Wir haben nun Frieden mit Gott« (Jesaja 53,5).

Immer wieder dachte ich über diese Worte nach.

Ohne Kreuz kein Frieden.

Ohne Nägel kein Frieden.

Ohne Dornenkrone kein Frieden.

Mir wurde bewusst, wie leichtfertig ich manchmal mit dem Frieden umging. Selbst jetzt, wo ich es doch eigentlich besser wissen müsste. Und dann sagte ich zu ihm, der für mich darum gekämpft hatte: »Nie wieder. Ich werde das, was du für mich erreicht hast, nie wieder weggeben.« Ich werde Frieden nicht so definieren, wie die Welt es tut, als etwas Schwaches und Langweiliges, als ein ständiges Flüstern, das niemals laut wird.

»Möge es Frieden werden auf Erden«, singt die Gemeinde.

Und ich stimme in die letzte Zeile mit ein: »Und lass ihn mit mir beginnen.«

Mein Friede,

du bist der Eine, der mich wieder heil macht. Du lässt mich wieder ganz werden und gewinnst alle meine Schlachten. Danke, dass du für mich kämpfst. Ich werde an dem festhalten, was du für mich erreicht hast. Amen.

NEUNUNDZWANZIG

Bei dir bin ich in Sicherheit; du bewahrst mich in aller
Bedrängnis und lässt mich jubeln über deine Rettung.

PSALM 32,7

Es ist ein grauer Wintertag und über allem hängt eine tiefe
Wolkendecke. Ich bin noch ein bisschen verschlafen, als ich
mich ans Steuer setze und zu einem nahe liegenden Café fahre, wo ich den Morgen mit Schreiben verbringen werde. Ich
starte einen Podcast, den meine Freundin mir empfohlen hat,
und höre die angenehme, aufmunternde Stimme von Christy
Nockels, die darüber spricht, was es bedeutet, bei Gott in Sicherheit zu sein.

Sie erzählt, wie eine Freundin von ihr dies mit dem Zentrum einer Darts-Scheibe verglichen hat. In den äußeren Rin-
gen dieser Scheibe halten wir uns auf, wenn wir Gott dienen

und alles Mögliche unternehmen. Doch im Zentrum sind wir dort, wo wir uns von Gott geliebt wissen. An diesem Ort ist unser wahres Selbst und von dort aus können wir alles andere tun. Ich atme tief durch und bin plötzlich hellwach, als hätte ich einen Espresso getrunken.

Erst am Abend zuvor hatte ich mich unter mehreren Decken zusammengerollt. Ein Oberbett, eine Decke, noch eine Decke. Zwei Kopfkissen. Ich hatte mich in mein Bett verkrochen und die Augen geschlossen. Es war ein harter Tag gewesen und ich dachte darüber nach, wie unser modernes Leben und vor allem die sozialen Medien bei mir manchmal das Gefühl hinterlassen, allem ausgeliefert zu sein. Ich musste an meine Großeltern denken, die in einer kleinen Stadt wohnten, eine kleine christliche Buchhandlung führten und Gott auf diese Weise ihr Leben lang schlicht und in aller Stille dienten. Ich flüsterte ein seltsam widersprüchliches Gebet: »Gott, gebrauche mich. Schütze mich.« Ob es im Beruf ist, im Privatleben oder in unseren Beziehungen – wir alle kennen Augenblicke, in denen wir uns überfordert und verletzlich fühlen.

Trotzdem fällt es mir immer noch schwer, dieses kurze Gebet zu sprechen, denn der Gedanke, sich irgendwo zu verstecken und Schutz zu suchen, kommt mir irgendwie negativ vor. Wir leben ja in einer Welt, die uns auffordert hinauszugehen und kühn zu sein. Und doch scheint die Sehnsucht nach einem schützenden Versteck tief in uns angelegt zu sein. Als Babys schmiegen wir uns an unsere Eltern an und wenden uns von Fremden ab. Später spielen wir Verstecken mit unseren Freunden. Und als Erwachsene verstecken wir uns auf etwas unauffälligere Weise: hinter dem Computerbildschirm, in einem Glas mit Alkohol, unter unserem Make-up. Also lautet die Frage nicht, *ob* wir uns verstecken, sondern *wo* und *wie*.

Doch das Schöne ist: Gott selbst will uns ein sicheres Versteck bieten. Er möchte unser Rückzugsort sein, die sichere Burg und der Ort der Stille mitten in einer chaotischen, unruhigen Welt. Doch wo befindet sich dieses Versteck? In der Liebe. Denn »Gott ist Liebe« (1. Johannes 4,8).

Wenn wir bei Gott Schutz gefunden haben, können wir so sein, wie wir wirklich sind; wir können das tun, wozu wir berufen sind, und frei von Scham, Schuldgefühlen und Angst leben.

Als Adam und Eva in Sünde fielen, versteckten sie sich. Gott suchte sie und fragte: »Adam, wo bist du?« (1. Mose 3,9). Die Frage scheint seltsam, denn Gott kannte ja die Antwort bereits. Vielleicht musste er sie jedoch stellen, weil *Adam und Eva* die Wahrheit noch nicht wirklich erkannt hatten. Und vielleicht stellt er auch uns heute diese Frage: *Wo bist du?* Und egal wie unsere Antwort lautet – »In einer Depression«, »Auf dem Schlachtfeld«, »Mitten auf der Bühne« –, er möchte uns wissen lassen, dass dies im Grunde nicht unser wahrer Ort ist. Wo wir hingehören, wo wir schon immer waren, wo wir auf geheimnisvolle Weise stets sein werden – dieser Ort ist *in ihm*. Sicher. Geliebt. Gekannt. Er ist unser schützendes Versteck; er ist die wahre Heimat unseres Herzens.

Gott, mein Schutz,

wer ich auch bin und was ich auch tue, bei dir bin ich immer sicher. Du kümmerst dich um mich. Das ist für mich ein Geheimnis und ein Wunder zugleich. Hilf mir, in dir zu bleiben und zu glauben, dass niemand mich von deiner Liebe trennen kann, von dem Ort, wo ich wirklich hingehöre. Amen.

DREISSIG

König

Singt zu Gottes Ehre, singt! Singt zur Ehre unseres Königs!
Ja, singt und musiziert!

PSALM 47,7

Ich schreibe diese Zeilen an einem Wahlabend, noch bevor die Resultate bekannt sind. Ehe die ersten Zahlen über den Bildschirm flimmern und Kommentatoren im Anzug oder Journalistinnen im Kostüm uns zu erklären versuchen, was das alles zu bedeuten hat. Bevor die Landkarte der USA sich mit roten oder blauen Flecken füllt – rot für die Republikaner, blau für die Demokraten.

Ganz gleich an welchem Tag Sie diesen Text lesen, ich bin mir ziemlich sicher, dass es auch dann Konflikte und Sorgen gibt, wenn es um das Thema Politik geht. Darum möchte ich an dieser Stelle gern über das schreiben, was wir gerade in solchen Zeiten, die über uns hinwegrollen wie die Wellen auf dem Ozean, nicht aus dem Blick verlieren sollten. Wenn Skandale und zynische Bemerkungen so häufig sind wie Sand am Meer. Wenn es anscheinend mehr darum geht, sich für eine Seite oder Konfliktpartei zu entscheiden als für einen Kandidaten.

Ich habe das alles satt. Und vielleicht geht es Ihnen ja ähnlich. Möglicherweise haben wir sogar ein wenig Angst. Und deshalb denken wir, wenn wir einen schwachen Moment haben, dass unsere Hoffnung auf einer Person oder einer Partei ruht. Dass unsere Zukunft von einem Wahlergebnis abhängt. Dass diejenigen, die in einem Land das Sagen haben, die Präsidenten und Bundeskanzler, tatsächlich das Fundament unseres eigenen Hauses sichern können.

Doch sollten wir nicht lieber alle einmal tief Luft holen und uns an das erinnern, was wirklich gilt? Dass die Zukunft nicht abhängig ist von einem Wahlergebnis oder einem bestimmten Kandidaten. Unsere Zukunft ruht vielmehr auf dem Gott, der den Sternen ihren Platz angewiesen hat, der die Welt durch sein Wort ins Leben rief und immer noch dafür sorgt, dass die Erde sich um ihre Achse dreht. Der einer Milliarde Spatzen beim Schlüpfen zusieht, alle Federn auf ihren Flügeln kennt und selbst die Haare auf unserem Kopf gezählt hat. Der Eine, der für uns ans Kreuz ging und den Tod besiegt hat, als er aus dem leeren Grab hervorkam.

Die Hände, die uns Halt geben, sind nicht die von Politikern, die sich werbewirksam mit kleinen Kindern auf dem Arm fotografieren lassen; auch nicht die Hände derer, die Gesetze erlassen oder Wahlversprechen abgeben. Nein, wir sind in den Händen dessen, der so groß ist, dass er Berge und Täler, ja, den ganzen Globus und jedes Land darauf in ihnen bergen kann.

Können schwere Zeiten auf uns zukommen? Bestimmt.

Wird es Überraschungen und Tragödien geben und Menschen, die nicht halten können, was sie versprochen haben? Ja, solange wir in dieser gefallenen Welt leben, wird das so sein. Aber haben wir auch jeden Grund zur Hoffnung, jeden Grund, mit Mut und Liebe in die Zukunft zu gehen? Oh ja, auf jeden Fall.

Egal, wie eine Wahl ausgehen mag, und egal, was in unserer Welt gerade geschieht, wenn Sie diese Zeilen lesen – Gott sitzt immer noch im Regiment. Er ist gut und weise und lässt sich durch nichts aus der Fassung bringen. Wir brauchen die Zukunft nicht zu fürchten; aber wir sollten ihn fürchten. Und zwar nicht in dem Sinn, dass wir Angst vor ihm haben, sondern im traditionellen Sinn des Wortes, das eher etwas mit Respekt, Vertrauen und Ehrfurcht zu tun hat.

Das ist die Realität. Das ist die Wahrheit. Das ist unsere *Hoffnung*: Ganz gleich, welche politischen Anführer das Sagen haben, welche Politiker uns etwas versprechen oder uns belügen, welche Person die Macht zu haben scheint – *wir haben immer denselben König*. Er ist gut, weise und liebevoll. Er kann nicht besiegt werden. »Der Himmel soll sich freuen und die Erde in Jubel ausbrechen! Sagt den Völkern: ›Der Herr allein ist König!‹« (1. Chronik 16,31)

Mein König,

du allein regierst mein Herz und mein Leben. Du bist der Einzige, der die ganze Welt in seinen Händen hält. Dir gehört alle Macht und Herrlichkeit. Egal, was um mich herum passiert, ich werde dir vertrauen und dir gehorchen. Amen.

Eckstein

Darum spricht Gott, der Herr: »Seht, ich lege in Zion den
Grundstein für ein gutes Fundament. Es ist ein kostbarer
Eckstein, der felsenfest steht. Wer auf ihn baut und
ihm vertraut, braucht nicht zu fliehen.«

JESAJA 28,16

Ich stehe in einem Gebäude, das im Moment noch wie ein
Skelett aussieht. Über mir wölben sich Holzbalken wie die
Rippen eines Brustkorbs. Ich befinde mich in der Mitte, ungefähr dort, wo das Herz sein würde, und lasse meine Hände über raue Bretter gleiten, die darauf warten, von Wänden
überzogen zu werden wie mit einer Haut. Mein Mann und
ich schlendern des Öfteren einmal durch Häuser, die noch
kein fertiges Zuhause sind. Als ausgebildeter Architekt kann
er sich schon alles vorstellen, bevor es Gestalt angenommen

hat. »Hier werden sie schlafen«, pflegt er dann zu sagen oder: »Hier werden sie fernsehen«.

Darum ist es naheliegend, dass ich ihn um Rat frage, als ich über ein Bibelwort stolpere, das ich nicht verstehe. Ich lese im Bett und er hat sich schon aufs Kopfkissen sinken lassen. Trotzdem stupse ich ihn an und frage: »Was ist ein Eckstein?« So viel weiß ich immerhin: Es ist eine Bezeichnung für Jesus. Doch was das genau bedeutet, ist mir ein Rätsel. Mark richtet sich auf und stützt sich auf einen Ellbogen. Ich beobachte ihn dabei, wie er nach den richtigen Worten sucht, die ich, der Laie in allen Baufragen, verstehen kann. »Der Eckstein trägt das Gewicht der ganzen Struktur«, erklärt er. »Er verhindert, dass das Ganze in sich zusammenfällt.«

Das gefällt mir und ich forsche im Licht meiner Nachttischlampe noch ein bisschen weiter nach. Folgendes finde ich dabei heraus: Bei Bauten des ersten Jahrhunderts war es üblich, ein Gebäude an sich selbst anzulehnen. Das bedeutete, dass ein Teil der Struktur einen größeren Druck aushalten musste als die übrige Struktur. … Diesen Teil nannte man den Eckstein und von ihm war das ganze Gebäude abhängig.

Ein Wort in dieser Beschreibung fällt mir besonders ins Auge: *Druck.* Ich denke an den stressigen Tag, der hinter mir liegt: Termine, E-Mails, Anrufe und Anfragen. Freunde, die Probleme haben und meinen Rat suchen; das Abendessen, das gekocht werden muss; Socken, die auf dem Boden der Waschküche verstreut liegen wie ein Rudel wilder Katzen, das eingefangen werden muss. Ich empfinde es tatsächlich wie ein Gewicht, das auf mir lastet: die Erwartung, dass ich für so viele Menschen so vieles sein muss; dass ich alles perfekt und sofort erledigen soll. Ich möchte so gern, dass jemand mir das abnimmt, was ich unmöglich tragen kann.

»Darum spricht Gott, der Herr: Seht, ich lege in Zion den Grundstein für ein gutes Fundament. Es ist ein kostbarer Eckstein, der felsenfest steht. Wer auf ihn baut und ihm vertraut, braucht nicht zu fliehen« (Jesaja 28,16). *Wer auf ihn baut und ihm vertraut, braucht nicht zu fliehen.* Zuerst kommt mir dieser Satz seltsam vor. Doch dann erkenne ich, dass dem Drang zu fliehen ein Gefühl zugrunde liegt, das ich genau kenne, weil es bei mir schon den ganzen Tag lang unter der Oberfläche schlummert: Angst. Ich weiß, wie es ist, wenn einem die Hände zittern, das Herz klopft und die Sorgen einem den Schweiß auf die Stirn treiben.

Und ich bin nicht die Einzige, der es so geht.

Wir alle brauchen einen Eckstein. Und damit meine ich nicht den architektonischen Begriff aus der Vergangenheit, von dem wir nur eine vage Vorstellung haben, sondern den Einen, der für uns eine lebendige, atmende tägliche Realität ist. Wenn ich durch halbfertige Gebäude schlendere, kann ich manchmal das große Ganze noch nicht begreifen. Und so geht es uns auch mit unserem Leben. Aber Gott sieht immer schon das fertige Gebäude vor sich und erinnert uns daran, dass alles »nur durch ihn Bestand hat« (Kolosser 1,17). Von ihm hängt alles ab. Auf dieser Wahrheit, dieser Verheißung, dürfen wir zur Ruhe kommen. Wir müssen nicht die Last der ganzen Welt tragen – nicht einmal die unseres kleinen Lebens. Wir brauchen uns nur auf den zu stützen, der die Liebe ist.

danke, dass du sicher, stark und verlässlich bist in einer Welt, die manchmal unsicher und chaotisch erscheint. Wenn ich wieder einmal mich selbst oder andere unter Druck setze, dann hilf mir, mich stattdessen auf dich zu

*stützen. Danke, dass du die Last trägst und
alles zusammenhältst, damit ich das nicht tun muss.
So kann ich in Freiheit und Gnade leben. Amen.*

ZWEIUNDDREISSIG

Zimmermann

»Er ist doch der Zimmermann, Marias Sohn. Wir kennen seine
Brüder Jakobus, Joses, Judas und Simon.
Und auch seine Schwestern leben hier bei uns.«
So kam es, dass sie ihn ablehnten.

MARKUS 6,3

Jesus war mit dem Alltäglichen vertraut. Er kannte das Gefühl eines Splitters im Daumen, den Geruch von Erde und
Sägespänen, das Geräusch, wenn Nägel in ein Brett gehäm-
mert werden. Er wusste, wie es ist, wenn man Termine einhalten muss und Kunden hohe Ansprüche haben. Er erlebte
ganz gewöhnliche Tage, die einfach so vorübergehen, ohne
Fanfaren und Feuerwerk. Als Zimmerleute haben Josef und
Jesus wahrscheinlich vorwiegend landwirtschaftliches Werk-
zeug hergestellt (Karren, Pflüge, Worfschaufeln und Joche),

Gebäudeteile (Türen, Rahmen, Pfosten und Balken) sowie Möbel und Küchenutensilien.

Es kommt einem seltsam vor, dass der Sohn Gottes solche Aufgaben erledigt hat. Der Eine, der das Universum formte, beugte sich über eine Werkbank und stellte einen Kochlöffel her, mit dem man Suppe umrührt. Der Eine, der den wilden Ozean in seine Grenzen wies, hobelte einen Türrahmen glatt. Der Eine, der sich an einen Balken nageln ließ, um die Welt zu retten, brachte ein ganz ähnliches Stück Holz unter einem einsturzgefährdeten Dach an. Wahrscheinlich hat Jesus seine Ausbildung zum Zimmermann begonnen, als er im Teenager-Alter war. Man bedenke: Er hätte eigentlich ein ganzes Jahrzehnt seines Lebens ganz anders verbringen können. Nur zehn Prozent seines Lebens widmete Jesus seinem öffentlichen Auftrag.

Dieser Gedanke könnte für uns ganz wichtig sein, denn auch wir haben solche »Zimmermannsjahre« in unserem Leben. Zeiten, in denen wir den Eindruck haben, unser Potenzial nicht auszuschöpfen. Wir meinen, wir könnten doch eigentlich mehr tun, etwas Größeres vollbringen. Unser kleines Leben gefällt uns nicht. Wie die Menschenmenge, die Jesus umgab und seinen Dienst infrage stellte, sind auch wir manchmal enttäuscht und desillusioniert von dem, was uns nicht so groß vorkommt, wie wir es uns vorgestellt haben.

Einmal kam eine Frau zu mir in die Beratung, räusperte sich und fragte dann mit leiser Stimme: »Was tut man, wenn man das Gefühl hat, sein Leben vergeudet zu haben?« Die Frage stand eine ganze Weile zwischen uns im Raum, während wir schwiegen. Es ist eine schwere Frage, die tief aus unserem Herzen kommt. Ich musste wieder an den Einen denken, der mit Sicherheit das bedeutungsvollste Leben überhaupt geführt hatte. Und doch war er über so viele Jahre hinweg ein einfacher Zimmermann gewesen. Ich spreche diesen Gedanken laut aus und fahre dann fort: »Er brauchte nicht noch mehr Übung. Und er hätte bestimmt sein öffentliches Wirken früher beginnen können und hätte damit mehr erreicht. Doch aus einem unerklärlichen Grund brachte er Jahre damit zu, Holz zu bearbeiten. Jahre, die wir vielleicht als verschwendete Zeit betrachtet hätten.«

Sie schaut mich an und lächelt. Am Ende unseres Gespräches verabschiedet sie sich. Als ich sie das nächste Mal treffe, hat sie ein Blatt Papier in der Hand. Ich lese den Text, den sie dort geschrieben hat, und frage sie, ob ich ihn hier an dieser Stelle veröffentlichen darf. Sie erlaubt es mir.

Warum musste er gerade ein Zimmermann sein? Vielleicht tat er das ja für mich. … Jede Verletzung ist ein Brett, jede Enttäuschung ein Stück Holz, jede Versuchung eine Latte.

Jesus, der Zimmermann, nimmt alle Stücke Holz und nagelt sie aneinander. Auf diese Weise baut er eine Zukunft, die für mich noch unklar ist. Aber ich habe Frieden darüber, weil er mein Zimmermann ist. Epheser 2,10 ist für mich ein großer Trost: »Was wir jetzt sind, ist allein Gottes Werk. Er hat uns durch Jesus Christus neu geschaffen, um Gutes zu tun. Damit erfüllen wir nun, was Gott schon im Voraus für uns vorbereitet hat.«

Ich verstehe jetzt, dass meine Vergangenheit keine verschwendete Zeit war. Jesus gebraucht all das, um mich zu »bauen«, damit ich das Gute tun kann, für das Gott mich vorbereitet hat. Ich weiß nicht, was er in der nächsten Phase meines Lebens mit mir vorhat; doch das macht nichts, denn ich weiß ja, dass er mich zu seinem Meisterwerk macht.

Ist das der Grund, warum Jesus all die Jahre als Zimmermann verbracht hat? Ich denke, es ist eher ein Grund unter mehreren. So vieles in Gottes Plan ist ein Geheimnis. Doch all die »vergeudeten« Jahre in seinem Leben, in unserem? Es wird deutlich, dass es nicht so ist. Der Zimmermann-Meister weiß, wie er jeden Teil unseres Lebens nützlich und schön gestalten kann.

Und er ist mit seiner Arbeit an uns noch nicht am Ende.

Jesus, mein Zimmermann,

es hilft mir sehr zu wissen, dass du den normalen Alltag genau kennst. Manchmal meine ich, ich müsste etwas Größeres und Beeindruckenderes tun. Doch dein Vorbild ist für mich ein Trost. Ich bete darum, dass ich dir treu diene, egal an welchen Platz du mich stellst. Amen.

DREIUNDDREISSIG

Der mich festhält

Wenn ein Mensch seinen Weg zielstrebig gehen kann,
dann verdankt er das dem Herrn, der ihn liebt.
Selbst wenn er einmal stolpert, fällt er nicht zu Boden,
denn der Herr hält ihn fest an der Hand.

PSALM 37,23-24

Ich lehne meinen Kopf gegen die Wand in der Dusche und meine Tränen vermischen sich mit dem herabfließenden Wasser. Mein Herz ist erschöpft und ich spüre den Schmerz bis in meine Knochen. Ich habe mein Bestes getan, um all dies zurückzuhalten, habe mir eingeredet, dass ich schon darüber hinwegkommen werde. Ich bin spazieren gegangen, habe mir ein Kännchen meines Lieblingsentspannungstees gekocht. Doch jetzt ist der Damm gebrochen, mit einem riesigen Riss, und ich kann es einfach durch nichts mehr aufhalten.

»Jesus.« Ich flüstere seinen Namen, weil es das einzige Gebet ist, zu dem ich noch imstande bin. In diesem Moment, so muss ich gestehen, fällt es mir sogar schwer zu glauben, dass er überhaupt da ist. Haben Sie auch schon solche Augenblicke erlebt? In denen einem der Glaube wie eine Illusion vorkommt, wie eine Geschichte, die man sich selbst ausgedacht hat, um sich besser zu fühlen? Und man denkt, in der Realität gebe es niemanden, der einem zu Hilfe kommt, der sich wirklich um einen sorgt.

Als ich mich abgetrocknet und angezogen habe, hole ich mein Handy und schicke meiner Freundin eine Sprachnachricht. »Mir geht's nicht gut«, sage ich, »und ich kann mich nicht mehr an das erinnern, was die Wahrheit ist und für mich gilt. Kannst du mir helfen?« Sie antwortet auf das Notsignal, das ich da in der Finsternis, die meine Seele umgibt, abgesetzt habe. Sie reagiert schnell und macht mir mit überzeugenden Worten Mut. Du bist geliebt, versichert sie mir, nicht allein, und du bist stärker, als es dir in diesem Moment vorkommt. Gott ist mit dir und für dich, erinnert sie mich sanft.

Ich klammere mich an diese Worte, ruhe meine müde Seele auf ihnen aus.

Gott weiß, dass wir Menschen manchmal das Geistliche nicht fühlen können, und so kommt er auf eine Weise zu uns, die wir zerbrechliche Wesen verstehen können. »Das Wort wurde Mensch und lebte unter uns« (Johannes 1,14). Und er wird auch Mensch für uns durch unsere Familie, unsere Freunde, durch einen gütigen Fremden, der uns die Hand auf die Schulter legt. Sogar durch das Funkeln der Sterne, das Lied eines Vogels und den Duft von Kaffee am Morgen. Manchmal brauchen wir eben einen Jesus aus Fleisch und Blut.

In den darauffolgenden Tagen erlebe ich das immer wieder: eine unerwartete E-Mail von jemandem, den ich kaum kenne und der mir verspricht, für mich zu beten. Ermutigende

Worte von einer Podcasterin, die wahrscheinlich niemals erfahren wird, dass sie in meinem Leben etwas bewirkt hat. Ein
»Ich liebe dich« und ein Kuss von meinem Mann. Sogar die
Schönheit eines winterlich kahlen Baumes, an dessen Zwei-
gen sich schon das erste Frühlingsgrün zeigt. All das fühlt
sich an wie die Hand Gottes, die mir Halt gibt, wenn ich
mir so wacklig und unsicher vorkomme wie die neugeborenen
Kälber auf der Koppel des Bauern, die ein Stück entfernt in
unserer Straße liegt.

Wenn es im Leben abwärtsgeht oder ich ausgerutscht bin,
fürchte ich häufig, dass ich mich nie wieder davon erhole.
Dass ich immer tiefer und tiefer abgleite und an einem Ort
lande, wo es kein Licht, keine Hoffnung und kein Entrin-
nen gibt. Doch wir haben ja Gottes Versprechen: »Wenn eine
Frau ihren Weg zielstrebig gehen kann, dann verdankt sie
das dem Herrn, der sie liebt. Selbst wenn sie einmal stolpert,
fällt sie nicht zu Boden, denn der Herr hält sie fest an der
Hand.« Gottes Hand, so scheint es mir, hat viele Gestalten
und viele Finger, aber sie ist immer da, wenn ich mich nach
ihr ausstrecke, sie suche und sie zu dem Ort mache, an dem
ich weich landen kann.

Seine von Nägeln durchbohrten Hände geben uns Halt.
Sie fangen die Tränen auf, die in der Dusche herunterrinnen.
Sie stellen uns immer wieder auf unsere Füße. Ja, wir werden
stolpern. *Aber wir fallen nicht zu Boden.* Nicht weil wir selbst
alles im Griff haben, sondern weil wir immer auf geheimnisvolle Weise gehalten werden.

Mein Gott, der mich festhält,

ich bin so dankbar für die Geborgenheit bei dir. Es ist so
ermutigend zu wissen, dass du mir Halt gibst. Du hilfst mir
durch die harten Zeiten hindurch. Du bist der Eine,
der mich immer auffängt. Amen.

VIERUNDDREISSIG

Große Belohnung

»Hab keine Angst, Abram, ich beschütze dich wie ein Schild und werde dich reich belohnen!«

1. MOSE 15,1

»Was bringt mir das?« Eine herausfordernde Frage, gestellt von einem Teenager, der skeptisch das Gesicht verzieht, weil seine Eltern einen Familienurlaub in Disneyland vorgeschlagen haben. Oder von einem Angestellten, der mit verschränkten Armen dasitzt in einem von vielen Meetings, in denen Kalkulationstabellen und Tortendiagramme auf dem Tisch ausgebreitet liegen. Oder von einem gutmütigen Mädchen, das sich anstrengt, hart arbeitet und sich so viel Mühe gibt, aber insgeheim gegen Wut und Enttäuschung ankämpft.

Diese Frage ist, ob wir es zugeben oder nicht, unter uns Menschen weit verbreitet. Ihre Geschichte lässt sich Tausende von Jahren zurückverfolgen.

129

Was ich an der Bibel besonders liebe, ist, dass ihre Helden so unvollkommen sind, so unzensiert und ungehobelt, ungeschminkt und noch nicht am Ziel angekommen. So ist es auch, als Gott Abram begegnet (der später Abraham genannt wird) und ihm zusagt: »Ich beschütze dich wie ein Schild und werde dich reich belohnen.« Ein Filmregisseur würde hier wahrscheinlich eine dröhnende Stimme vom Himmel sprechen lassen, Abraham würde anbetend auf die Knie fallen und die Musik würde zu einem heiligen Crescendo anschwellen. Doch dieser Abraham, der Stammvater unseres Glaubens, antwortet stattdessen: »Ach, Herr, mein Gott, was willst du mir denn schon geben?« (1. Mose 15,2). Hatte Gott diese Frage nicht soeben beantwortet? Hatte er sich Abraham nicht sogar selbst zum Geschenk gemacht? Aber irgendwie schien das bei Abraham nicht anzukommen. Vielleicht war diese Verheißung zu groß und zu abstrakt, als dass er sie richtig verstehen konnte. Mit anderen Worten fragte Abraham: »Was bringt mir das?«

Hier hätte unser Regisseur wahrscheinlich einen Spezialeffekt eingesetzt: Blitz und Donner und einen wirbelnden Tornado. Abrahams rasche Vernichtung aufgrund seiner Unverfrorenheit wäre oscarreif inszeniert worden. Doch so war es nicht. Vielmehr scheint es, als ob unser Gott sich zu ihm hinunterbeugt und ihm zuhört, als er weiterspricht. Abraham hat keinen Erben. Er ist unsicher und hat Angst. Dann nimmt Gott ihn mit nach draußen und fordert ihn auf, sich die Sterne oben am Himmel anzusehen. Gott erklärt ihm seinen Plan, er ermutigt ihn, gibt ihm eine Zusage und Bestätigung. Und Abraham glaubt ihm.

Es ist wichtig, dass wir diese Geschichte kennen. Und genauso wichtig ist es für uns zu wissen, welche Antwort wir denn gern hätten, wenn wir fragen: »Was bringt mir das?« Denken wir einmal einen Augenblick darüber nach. Wir alle kennen diese Frage ja. Die Antwort ist meist eine Sehnsucht unseres Herzens – geliebt zu werden, angenommen zu sein, dazuzugehören.

Egal was es ist, ich glaube, Gott gibt uns immer noch diese Antwort: »Ich werde dich reich belohnen.« Er selbst ist der, der uns annimmt. Er ist derjenige, zu dem wir gehören dürfen. Er ist Mut, Hoffnung und Gnade. Wahrheit, Kraft und Heilung. Macht, Geborgenheit und alles, wonach wir uns am meisten sehnen.

Doch seltsamerweise geht es uns oft wie Abraham: Wir verstehen das Ganze nicht. »Was kannst du mir geben?«, fragen wir. Und wenn wir keine klare Antwort bekommen, denken wir, Gott habe nicht das, was wir brauchen. Also suchen wir weiter bis zur Erschöpfung. Wir wollen anderen gefallen, schaffen uns ein noch größeres finanzielles Polster, arbeiten bis zum Umfallen, machen uns auf die Jagd nach der perfekten Jeans, wechseln unseren Freund oder die Farbe unseres Lippenstifts. Oder wir übernehmen Verantwortung in der Gemeinde. Wir sind verzweifelte Wesen mit einer inneren Leere, die nach Erfüllung ruft.

Gott weiß, dass wir leicht zu der Frage neigen: »Was bringt mir das?«, und er tadelt oder verachtet uns deswegen nicht. Er schickt uns auch nicht weg oder macht Schluss mit uns. Jesus hat sogar einmal gefragt: »Was soll ich für dich tun?« (Markus 10,51). Es ist nicht so, dass Gott die Antwort nicht kennt. Vielmehr ist ihm klar, dass wir so oft selbst nicht wissen, was wir am meisten brauchen. Darum ist es nötig, dass wir es benennen, es aussprechen. Gott geht behutsam mit unseren Zweifeln und Ängsten um, mit unseren fehlgeleiteten Fragen. Er spricht zu unserem Herzen, so wie er es bei Abraham getan hat. Wir müssen ihm nur glauben.

Wir meinen, so viele Dinge nötig zu haben. Oft reden wir uns selbst ein, dass sie für uns heilsam seien. Doch unser wahrer Besitz ist noch viel größer. Die Frage, die wir uns stellen sollten, lautet darum nicht: »Was bringt mir das?«, sondern »Wer lebt in mir?« Der Gott, der den Sternen ihren Platz am Himmel zuteilte, der selbst für uns ans Kreuz ging – er schenkt uns alles, was er ist. Und darum sollte unsere nächste Frage nicht lauten, ob das genug ist, sondern ob wir kleinen Menschen wirklich all das in uns aufnehmen können, was er uns schenken will.

Mein Gott, meine große Belohnung,

ich staune darüber, dass du dich selbst mir schenkst. Das hast du am Kreuz getan und du tust es weiterhin jeden Tag. Ich habe Zugang zu allem, was du bist, zu deinen unbegrenzten Möglichkeiten. Was gibt es da noch zu fürchten? Hilf mir, mit all meinen Hoffnungen und Sehnsüchten zu dir zu kommen, dem Einzigen, der sie wahrhaft erfüllen kann. Amen.

Beistand

*Ich werde den Vater bitten und er wird euch einen anderen
Beistand geben, der für immer bei euch bleiben soll.*

JOHANNES 14,16 (EINHEITSÜBERSETZUNG)

Manchmal blitzt ein Wort aus der Bibel vor mir auf, als würde
es von innen beleuchtet – eine Art heiliges Neonlicht oder
eine göttliche Hervorhebung. Dann schaue ich genauer hin
und erkenne etwas Neues in einer Geschichte, die ich schon
873-mal gelesen habe. Es ist, als ob die Zahnfee mir eine
Münze unters Kopfkissen gelegt hat, nachdem ich immer
und immer wieder nachgesehen habe, bis meine Augenlider
so schwer wurden, dass ich sie nicht mehr offen halten konnte.
Jetzt weiß ich, wer den Schatz dort für mich versteckt hat, und
ich kenne denjenigen, der die Heilige Schrift zu einem Buch
»voller Leben und Kraft« macht (Hebräer 4,12).

Manchmal passiert mir das mit ganz gewöhnlichen Begriffen, wie zum Beispiel an jenem Morgen, als ich Johannes 14,16 las und auf die Formulierung *einen anderen* stieß. Normalerweise würde ich über so etwas hinweglesen. Es als unwichtig und unbedeutend für die Aussage des Satzes betrachten. Doch an jenem Morgen leuchteten die Buchstaben so hell und auffällig wie die Reklametafeln am Times Square in New York. Ich fragte mich: »Wenn der Heilige Geist *ein anderer* Beistand für uns ist, wer ist denn da sonst noch?«

Wie es aussieht, stehen uns alle *drei* Personen der Dreieinigkeit auf diese Weise zur Seite. Hiob sagt über Gott: »Auch jetzt schon habe ich einen Zeugen hoch im Himmel; der tritt für mich ein!« (Hiob 16,19). Johannes versichert uns: »Sollte aber doch jemand Schuld auf sich laden, dann tritt einer beim Vater für uns ein, der selbst ohne jede Sünde ist: Jesus Christus« (1. Johannes 2,1). Und Jesus verspricht: »Der Beistand aber, der Heilige Geist, den der Vater in meinem Namen senden wird, der wird euch alles lehren und euch an alles erinnern, was ich euch gesagt habe« (Johannes 14,26; Einheitsübersetzung).

Vor ein paar Wochen unterhielt ich mich mit meiner Tochter Lovelle darüber, wie Gott uns zusammengeführt hat, als sie schon zwanzig Jahre alt war und bereits einige Zeit in Pflegefamilien und verschiedenen schwierigen Situationen verbracht hatte. Als wir unser Gespräch gerade beendet hatten, kam eine Freundin auf uns zu und sagte: »Mein Vater würde euch gerne kennenlernen. Er engagiert sich ehrenamtlich als Rechtsanwalt. Zurzeit ist er bei mir zu Besuch; ich kann ihn aber schnell von zu Hause abholen und herbringen.« Lovelle und ich nickten. Wir kannten die Organisation, für die er arbeitete. Sie ist in unserer Region angesiedelt und stellt Kindern, die in Schwierigkeiten geraten sind, einen Rechtsbeistand zur Seite, den sie sonst nicht hätten. Diese

Mitarbeiter kümmern sich um jedes der Kinder persönlich und individuell.

Bald schon kehrte meine Freundin mit ihrem Vater zurück. Er ging langsam mit bedachtem Schritt und stützte sich dabei auf ihren Arm. »Vor einer Woche wurde er am offenen Herzen operiert«, erklärte meine Freundin, »aber er möchte euch unbedingt kennenlernen.« Er war ein freundlicher und würdevoller Mann. Er hielt ein herzförmiges Kissen an die Brust gedrückt, so eines, das auch mein Großvater nach einer ähnlichen Operation vom Krankenhauspersonal bekommen hatte. Es sollte den Heilungsprozess fördern. Der Vater meiner Freundin stand vor uns und beugte sich ein wenig zu uns herunter. Er sprach mit fester Stimme, hatte aber zugleich Tränen in den Augen, als er uns erzählte, was er sich für die Kinder, denen er half, erträumte. Sie waren manchmal schwierig, so räumte er ein, aber er wünschte sich mehr für sie. Ein besseres Leben. Hoffnung. Heilung. Frieden. Den Teufelskreis der Zerstörung zu durchbrechen. Ja, manchmal gaben sie ihm freche Antworten. Sie konnten stur sein und hörten nicht immer auf ihn. Aber er liebte sie. Und mehr noch: Er war entschlossen, immer, wirklich immer für sie da zu sein.

Nach diesem Gespräch verstand ich viel besser, was es bedeutet, dass Gott »für uns« ist (Römer 8,31). Und Jesus und der Heilige Geist sind es auch. *Alle drei göttlichen Personen setzen sich für uns Menschen ein.* Das ist für mich ein Geheimnis und ein Wunder. Ich beginne es ein wenig zu begreifen, wenn ich die Augen schließe und an den Vater meiner Freundin denke, der die Hand auf das große Herzkissen gelegt hatte, unter dem sich die Narben der Operation befanden, und uns erzählte, dass diese Kinder es wert seien, dass man sich für sie einsetzte, egal was sie getan hatten.

Im Reich Gottes sind wir diese Kinder. Sie. Ich. Wir. Wir sind geliebt, jemand setzt sich für uns ein und unterstützt uns.

Nicht weil wir perfekt sind oder es verdient hätten. Einfach nur aufgrund dessen, was unsere Anwälte bereits für uns getan haben, was sie in diesem Moment für uns tun und was sie auch in Zukunft zu tun versprochen haben.

Mein Beistand,

es ist großartig zu wissen, dass du für mich bist. Jesus, danke,
dass du gestorben und auferstanden bist, damit ich die
Vergebung bekomme. Heiliger Geist, danke, dass du mich jeden
Tag führst und mir hilfst. Gott, danke, dass du mich gerecht
sprichst durch das, was dein Sohn für mich getan hat.
Ich verstehe jetzt, dass ich mir all das nicht selbst
verdienen kann. Ich kann es nur dankbar empfangen –
und das möchte ich. Amen.

SECHSUNDDREISSIG

Der mich sieht

Da rief Hagar aus: »Ich bin tatsächlich dem begegnet, der mich sieht!« Darum nannte sie den Herrn, der mit ihr gesprochen hatte: »Du bist der Gott, der mich sieht.«

1. MOSE 16,13

Die Strahlen der frühen Nachmittagssonne fallen gerade auf die Gebäude, als ich aus dem Auto steige. Ich ziehe meine Jacke fester um die Schultern. Sie ist aus weichem Leder, braun mit einem goldenen Schimmer und hellen Tönen. Heute trage ich sie aus einem besonderen Grund: Ein neues Foto soll von mir aufgenommen werden für die Rückseite meines nächsten Buches.

Das mag vielleicht glamourös klingen, aber das ist es nicht. Es ist keine Stylistin für Frisur oder Make-up anwesend. Niemand assistiert mir mit meiner Garderobe und hält mir einen

Schal entgegen. Da bin nur ich mit meinem alltäglichen Make-up und einem Outfit, das ich heute Morgen aus meinem unaufgeräumten Schrank gezogen habe. Mein Haar habe ich lediglich mit ein bisschen Spray vor den Windböen geschützt. Das Foto soll eine gute Freundin von mir aufnehmen, die einen Blick für schöne Umgebungen hat. Kein tolles Studio, keine Superbeleuchtung. Und noch eine Freundin habe ich gebeten, an dem Fotoshooting teilzunehmen: eine, die mich sehr gern hat und mich auch schon ungeschminkt und mit tränenüberströmtem Gesicht gesehen hat und die weiß, wie sich mein lautestes Lachen anhört. Zu meiner Fotografin habe ich gesagt: »Ich möchte mich mit euch beiden unterhalten und du sollst einfach nur währenddessen den einen oder anderen Gesichtsausdruck von mir festhalten.«

Gemeinsam suchen wir eine alte Kirche auf, deren Ziegelsteine im Schatten ruhen. »Erzählt mir was Lustiges«, fordere ich meine Freundinnen auf. Diese direkte Bitte bringt sie zum Kichern und mich auch. Ich höre kaum das Klick, Klick, Klick der Kamera. Als wir etwa eine Stunde später fertig sind, beuge ich mich über den kleinen Bildschirm und wir gehen die Bilder gemeinsam durch. »Ja«, sage ich schließlich, »das hier nehmen wir.«

Als ich später wieder in mein Auto steige, fällt mir auf, dass es dieses Mal gar nicht so schwierig oder beklemmend war, fotografiert zu werden. Und ich weiß auch, warum: *Jemand betrachtete mich dabei mit den Augen der Liebe.* Das verändert einfach alles. Es ist unangenehm, wenn ein Fremder seinen Blick auf uns richtet. Aber es liegt etwas Erlösendes und Barmherziges darin, wenn jemand uns anschaut, der absolut *für uns* ist.

Wie aber sieht Gott uns an? Oft meinen wir, er tue das mit einem kühlen, professionellen Blick, der uns analysiert, um unsere Fehler und Schwächen herauszufinden. Doch das stimmt nicht. Er schaut uns so an wie meine fotografierende

Freundin. Das entdeckte auch Hagar aus dem Alten Testament. Sie war mit ihrem Kind in der Wüste, allein. Und sie war sich sicher, dass sie beide bald sterben würden. Doch dann kam Gott zu ihr, und während sie das Gefühl hatte, ihn das erste Mal zu sehen, erkannte sie, dass er sie schon lange gesehen hatte.

Ganz gleich wo wir uns heute befinden, Gott sieht nicht nur unser Äußeres, sondern auch unsere Seele, unsere Stärken und unsere Verwundungen. Alles. Was wir der Welt gerne zeigen und was wir vor ihr verbergen wollen. Und er liebt uns ganz so, wie wir sind. Nicht etwa, weil wir perfekt wären, sondern weil er in dem Moment, in dem er uns anschaut, auch das sieht, was Jesus am Kreuz für uns getan hat. Unsere Sünde wurde abgewaschen, die Dunkelheit besiegt und unsere ursprüngliche Schönheit, für die wir geschaffen wurden, wiederhergestellt.

Eines Tages, wenn wir in den Himmel kommen, werden wir so wie Hagar sagen: »Jetzt sehe ich den, der mich sieht!« Bis dahin aber hat er immer seinen liebevollen Blick auf uns gerichtet.

Mein Gott, der mich sieht,

du wachst über mir. Danke, dass du mich mit den Augen der Liebe anschaust und das siehst, was an mir schön ist, auch wenn ich nur meine Zerbrochenheit sehe. Hilf mir, mich mehr so zu betrachten, wie du es tust. Nicht in mir das zu sehen, was ich getan habe, sondern das, was Jesus für mich getan hat. Amen.

SIEBENUNDDREISSIG

Freiheit

Ihr werdet die Wahrheit erkennen,
und die Wahrheit wird euch befreien.

JOHANNES 8,32

In der Kindheit schmeckt die Freiheit nach den süßen, weichen Kernen einer Wassermelone, die meine Cousins, meine Cousinen und ich bei einem spontanen Wettbewerb ins Gras spucken. Sie schmeckt nach Limonade, zuckrig und warm, und sie riecht wie das Chlor auf der Haut nach dem Bad im Swimmingpool. Sie fühlt sich an wie das Gras unter unseren nackten Füßen und wie der Schweiß, der uns den Nacken und die Schultern hinunterläuft. Sie klingt wie die Stimmen unserer Eltern und Großeltern. Sie sieht aus wie das Feuerwerk, das golden, rot und blau hoch über unseren Köpfen aufblitzt, oder wie die Wunderkerzen, die in unseren Händen funkeln und die wir wie Fackeln hin und her schwingen.

Doch Freiheit ist auch viel mehr als das; sie besteht aus Dingen, die man weder schmecken noch berühren, weder sehen noch beschreiben kann. Dabei geht es nicht um das, was da ist, sondern mehr um das, was *nicht* da ist. Wenn ich an jene Sommererlebnisse zurückdenke, dann gab es da keine Furcht und keinen Stress, kein Sichabmühen, um geliebt zu werden, keine Lügen über mich selbst, die ich glaube. Nach dieser tieferen Freiheit sehne ich mich als Erwachsene mehr als nach Apfelkuchen und einer Extraportion Eis.

Nach dieser Freiheit habe ich an vielen Orten gesucht wie ein Kind auf der Schnitzeljagd. Ich wollte sie unter dem Fels der Anerkennung finden, auf der hohen Leiter des Erfolgs, in der Ecke der Menschengefälligkeit oder in der Schachtel der Perfektion. Doch wonach ich mich wirklich sehnte, das war dort nie versteckt. Wenn es Ihnen genauso geht, dann habe ich heute eine gute Nachricht für uns beide.

Ich habe schließlich eines entdeckt: Die Freiheit findet man, wenn man in der Wahrheit lebt. Und die Wahrheit ist kein Ort. Sie ist mehr als Fakten, Meinungen und Wahrnehmungen. Für alle, die an Jesus glauben, ist die Wahrheit eine Person. Jesus sagt: »Ihr werdet die Wahrheit erkennen, und die Wahrheit wird euch befreien« und »Ich bin … die Wahrheit« (Johannes 8,32; 14,6). Wie finden wir wahre Freiheit in unserem Leben? Indem wir ihn kennen.

Das hört sich mysteriös an, darum wollen wir einmal so darüber reden wie Kinder – mit all unseren Sinnen. Jesus zu kennen schmeckt wie Gebete, wie Worte, die direkt aus unseren Herzen kommen und ihren Weg zu seinem Herz finden. Es duftet wie frisch gebackenes Brot oder wie ein leckerer Auflauf, wenn wir uns mit anderen Gläubigen zusammenfinden, die seine Liebe mit uns teilen. Es fühlt sich an wie das

Rascheln von Papier oder wie das Streichen unserer Finger über ein Display, wenn wir jeden Tag bewusst sein Wort lesen. Es hört sich an wie »Ich liebe dich« oder wie die Frage »Wie kann ich dir helfen?«, wenn wir jeden Tag versuchen, anderen in dieser Welt so zu dienen wie er. Es sieht so aus wie eine Verbindung zu ihm, die nicht nur auf unserem Verstand und unserer Bildung beruht, sondern auf einem vertrauensvollen Verhältnis und persönlicher Erfahrung.

Jesus befreit unser Herz von dem, was uns hindert – Angst, Perfektionismus und Sorgen. Wir können wieder wie Kinder sein, geliebt und beachtet, umsorgt und geborgen, die selbst in der Dunkelheit noch fröhlich nach Glühwürmchen Ausschau halten und ein Feuerwerk genießen.

Herr, meine Freiheit,

du bist der Eine, der mich befreien kann von all dem, was mich innerlich gefangen hält. Du bist die Wahrheit. Du bist der Weg. Du bist mein Leben. Ich möchte dich kennen und dich immer lieben. Danke, dass ich dein geliebtes Kind bin. Amen.

Retter

*Gott streckte mir seine Hand von oben entgegen und riss mich
aus den tosenden Fluten. … Der Herr gab mir sicheren Halt und
führte mich aus der Not hinaus in die Freiheit. Er rettete mich.
So viel bedeute ich ihm!*

PSALM 18,17.19-20

Die Niagarafälle schießen donnernd den Abgrund hinab. Was
für eine ungeheure Macht. Dieser Wasserfall macht eigentlich
keine Gefangenen. Und doch ist an diesem Morgen einer seinem Zugriff entkommen. Als wir uns dem Klippenrand nähern, hat sich dort am Geländer eine Menschenmenge versammelt. Einige halten sich erschrocken den Mund zu, andere
haben der Person neben sich tröstend den Arm um die Schulter gelegt. Eine seltsame Szene dort, wo die Touristen sonst
fröhlich lächeln und man das Klicken der Fotoapparate hört.

»Was ist passiert?«, fragen wir. »Jemand ist hinuntergefallen«, ist die Antwort, »und sie retten ihn gerade.« Wir beugen uns über den Abgrund und sehen weit unten die Rettungskräfte mit ihrer Ausrüstung und langen Seilen; ihre leuchtenden Jacken bilden einen lebhaften Kontrast zu den würdevollen grauen Felsen. Dort unten liegt ein Mann auf einer Trage.

Das Rettungsteam ist einen steilen Hang hinuntergeklettert. Sie haben sich selbst in Gefahr gebracht. Immer noch schießt das Wasser unerbittlich an ihnen vorüber. Es würde sie verschlingen, wenn es könnte. Doch darüber scheinen sie bei ihrer Arbeit gar nicht nachzudenken. Sie rufen sich etwas zu, organisieren den Abtransport und dann heben sie den Mann höher und immer höher, bis er in Sicherheit ist. Ein Helikopter startet und die Rotorblätter schwirren über uns wie ein riesiger, gutmütiger Vogel. Er fliegt hinauf in den blauen Himmel und wir stehen noch eine ganze Weile sprachlos da und wissen nicht so recht, was wir tun sollen. Der Mann ist verletzt, aber er wird wieder gesund; er wird überleben. Er ist erst der zweite in der Geschichte der Niagarafälle, der einen Absturz ohne ein Fass oder ein anderes Hilfsmittel, das den Aufprall mildert, überlebt hat. Wir sind Zeugen eines Wunders geworden.

Den ganzen Tag über geht mir das Bild dieses Rettungsteams nicht mehr aus dem Kopf. Sie waren so umsichtig, so entschlossen und sicher, dass das Ergebnis ein Erfolg sein würde. Genauso gut hätten sie auch sagen können: »Das kann niemand von uns verlangen. Der Mann da unten muss selber sehen, wie er klarkommt.« Sie hätten am Geländer stehen bleiben und ratlos den Kopf schütteln können.

Doch das taten sie nicht. Und dadurch veränderten sie den Ausgang der Geschichte.

Und das tut auch unser großer Gott.

Denn wir alle sind wie der Mann, der den Wasserfall hinunterstürzt, ob aus Übermut, Verzweiflung oder weil er die Kontrolle verloren hat. Wir versinken im Wasser und werden erschöpft und verletzt wieder am Ufer angespült. Wir sind hilflos und allein, wir sind in Not und haben nichts mehr zu bieten. Und in all dies kommt Gott hinein und sagt: »Ich schicke jemanden, der dich rettet.« Jesus kommt zu uns und tut, was wir nicht tun können. Er lässt sich ans Kreuz nageln. Er kommt wieder aus dem Grab hervor. Und wir werden aus dem Ort herausgeholt, von dem wir dachten, dass wir ihm niemals mehr entfliehen könnten. Wir meinten, es sei alles vorbei.

Was noch verwunderlicher ist: Gott tut das nicht, weil es sein *Beruf* ist, sondern weil er uns *liebt*. Er tut es, wenn wir ihm das erste Mal unser Leben anvertrauen. Aber er tut es auch danach immer wieder, wenn wir stolpern oder fallen. Er ist unser Retter, der immer zur Stelle ist. Der Eine, der weiß, wie leicht wir in Schwierigkeiten geraten, der versteht, dass wir nur schwache Menschen sind. Er weiß, wie die Wellen dieser Welt über uns zusammenschlagen und uns gegen die Felsen prallen lassen. Er weiß, dass wir Heilung brauchen.

Manchmal denke ich immer noch über diese Begebenheit nach und frage mich, was der gerettete Mann wohl mit seiner zweiten Lebenschance angefangen hat. Ich überlege, was ich mit meiner tun werde. Denn das ist ja auch unsere Geschichte. Wir sind die Geretteten. Wir sind die Geliebten. Wir sind ein lebendiges Wunder.

Mein Retter,

danke, dass du mir zu Hilfe gekommen bist, obwohl ich es nicht
verdient habe und es mir nie hätte verdienen können.
Du liebst mich sogar in meiner Zerbrochenheit und
lässt mich nie dort zurück, wo du mich gefunden hast.
Du hebst mich hoch und machst mich wieder heil.
Du hast es verdient, dass ich dir mein ganzes Leben schenke
und all mein Lob. Amen.

Töpfer

Wir sind der Ton, und du bist der Töpfer!
Wir alle sind Gefäße aus deiner Hand.

JESAJA 64,7

Wir betreten einen Raum, der nach Erde duftet, nach gefällten Bäumen und alten Zeiten. Der Tisch ist rechteckig und von kleinen Stühlen umgeben, in allen Farben des Regenbogens. Meine Tochter und ich sind praktisch Jahrzehnte älter als die anderen Teilnehmer dieses Töpferkurses. Wir sind umgeben von Pferdeschwänzen und Sommersprossen, dunklen Frisuren und neonfarbigen Tennisschuhen. »Hättest du damit gerechnet?«, flüstert meine Tochter. »Nö«, antworte ich und wir müssen beide grinsen.

Für dieses Jahr habe ich mir vorgenommen, meine Heimatstadt auf ganz neue Weise zu entdecken, so als wäre ich eine Touristin. Dinge zu tun, die ich nie zuvor unternommen habe. Und dazu gehört auch dieser Kurs. Ich habe mir eine Gruppe von Erwachsenen vorgestellt, die sich ernsthaft und produktiv betätigen. Stattdessen ist es jetzt eher wie im Kunstunterricht an der Grundschule. In null Komma nichts ist der Tisch ein Chaos. Und es wird deutlich, dass ich nicht von da Vincis oder Picassos umgeben bin. Darüber bin ich erfreut und erleichtert.

Als wir unsere Plätze eingenommen haben, deutet unser Kursleiter auf einen Tonklumpen, der vor uns liegt. »Das ist euer Ton. Heute werden wir Herzen daraus formen.« Mit einem dünnen Stäbchen ziehen wir die Umrisse auf der Oberfläche und dann stechen wir das Material tief aus. Alles, was nicht notwendig oder brauchbar ist, wird entfernt. Dann halten wir die Herzen in der Hand und ihre kühle, stille Oberfläche wird durch unsere Berührung warm und lebendig.

»Nun könnt ihr sie so gestalten, wie es euch gefällt«, sagt der Lehrer. Meine Tochter entscheidet sich für eine freie Form. Sie wirbelt den Ton herum und ritzt Buchstaben ein. Es soll eine Löffelablage werden. Ich dagegen benutze kleine Schablonen, um Tupfen und Muster herzustellen, denn ich möchte die Herzen einfach zur Dekoration haben. Ich muss an Jeremia denken, der von Gott zum Haus des Töpfers geschickt wird. Dort sieht der Prophet dem Handwerker zu, wie er ein neues Gefäß macht, das ihm gefällt (Jeremia 18,4).

Es ist eine sehr persönliche, individuelle Arbeit. Keine Massenproduktion, keine einheitliche Form. Es wäre unmöglich, eines dieser Herzen nachzubilden. Zwei kleine Mädchen, die uns gegenübersitzen, drücken ihre Hände fröhlich in ihr Stück Ton und ich kann ihre Fingerabdrücke sehen. Wenn wir uns jemals fragen, ob Gott will, dass wir genau wie alle anderen sind; wenn wir befürchten, dass er sich nicht für die kleinen Dinge in unserem Leben interessiert; wenn wir meinen, er wolle uns zu perfekten, maschinenartigen Wesen machen, dann brauchen wir uns nur daran zu erinnern, dass er ein Töpfer ist.

Als wir den Ton geformt haben, malen wir ihn an. Vorher erklärt unser Kursleiter noch: »Wenn der Ton ins Feuer kommt, wird er ganz weiß.« Das ist für mich ein schöner und vertrauter Gedanke: dass schwere Zeiten etwas unerwartet Schönes und Starkes in uns hervorbringen. Ich entscheide mich für rote Farbe und male die Linien und Rundungen sorgfältig an. Und die ganze Zeit über habe ich vor Augen, was einmal aus meinem Kunstwerk werden wird. Ich arbeite stetig darauf hin, und wenn die Form nicht perfekt ist, wenn sie Dellen oder Risse hat, unebene Kanten oder irgendwelche Unregelmäßigkeiten, dann lasse ich mich davon nicht beirren. So ist Ton nun einmal.

Und mir wird auch klar, dass der Ton eigentlich nur eine Aufgabe hat: sich in meine Hand zu begeben. Er hat nichts zu befürchten, muss sich keine Sorgen machen und sich auch nicht selbst abmühen, solange er in meiner Hand bleibt. »Ich bin ganz sicher, dass Gott sein gutes Werk, das er bei euch begonnen hat, zu Ende führen wird, bis zu dem Tag, an dem Jesus Christus kommt« (Philipper 1,6). Wir sind nur aus Erde und zugleich ein göttliches Kunstwerk. Wir sind nichts als Staub und doch bringen wir Freude. Wir sind noch im Werden und bereits vollkommen geliebt.

Als der Unterricht zu Ende ist, schaue ich dorthin, wo am Anfang die rohen Tonklumpen lagen. Jetzt steht dort jeweils eine neue Schöpfung. Die eine ist etwas robuster. Die andere eher zierlich. Rosa und gelb und blau. Manche sind mit kleinen Pferden dekoriert, andere sehen verdächtig nach Pizzastücken aus. Keines von ihnen würde es in ein Museum oder eine Kunstgalerie schaffen. Aber sie haben alle eines gemeinsam: Sie sind eine Art Spiegelbild ihres Schöpfers.

Und plötzlich erkenne ich, dass es genau darum ja die ganze Zeit ging: Die Vision des Künstlers darzustellen – das ist der eigentliche Erfolg im Leben eines Tonklumpen.

Mein Töpfer,

du formst mich jeden Tag ein Stück mehr so, wie du mich haben willst. Danke, dass der Erfolg meines Werdens nicht bei mir liegt. Du wirst die Arbeit vollenden, die du in meinem Herzen und in meinem Leben begonnen hast. Ich überlasse dir alles, was ich bin. Amen.

VIERZIG

Ehemann

Der Herr, der dich erschaffen hat, ist dein Ehemann. Er heißt
»der Herr, der allmächtige Gott«. Er ist der heilige Gott Israels,
dein Erlöser, und der Gott der ganzen Welt.

JESAJA 54,5

Ich sitze auf einem weißen Sims in unserem Badezimmer, in der einen Hand einen pinkfarbenen Fön, in der anderen eine kurze schwarze Sporthose aus dehnbarem Stoff. Mein Mann hat heute Abend seinen Fahrradkurs und er hat seine Shorts in der Waschmaschine vergessen. Und ich, die nette Ehefrau, die ich nun einmal bin, habe mich freiwillig gemeldet, um die Hosen auf die schnellste Weise zu trocknen, die ich kenne. Als ich den Stoff von innen nach außen drehe, sehe ich, dass die Top Class Biking Shorts an einer bestimmten Stelle gut gepolstert sind, um es dem Radfahrer etwas bequemer zu machen (worüber in unserer Familie schon viele Witze gemacht wurden). Aus meinem Blickwinkel sieht dieses Polster verdächtig nach einem großen roten Herz aus. Ich muss laut lachen, denn heute ist Valentinstag und das hier ist nicht gerade die romantische Szene, die ich mir dabei vorgestellt habe.

Allerdings muss ich dazu sagen, dass mein Mann und ich schon tagsüber ein wenig gefeiert haben und ich voll und ganz damit einverstanden war, dass er an diesem Abend zu seinem Kurs ging. Aber ja, es hat lange gedauert, bis ich so weit war zu begreifen, dass sich unser Leben nicht immer um mich drehen konnte. Ich weiß noch, wie ich als frisch verheiratete Frau geweint habe, wenn wir samstags mal nicht zusammen ausgehen konnten, weil wir die Wohnung putzen und Wäsche waschen mussten. Und wie oft habe ich die Zähne zusammengebissen, weil ich mühsam die eine oder andere Lektion in Sachen Kommunikation lernen musste. Mehr als einmal hätte ich meinen Mann am liebsten gefragt: »Warum kannst du nicht ein bisschen gefühlvoller sein so wie ich?« Und gleichzeitig wusste ich, wie lächerlich diese Forderung klang. Denn wenn sich dieser Wunsch erfüllen und ich eines Morgens praktisch neben einem Klon meiner selbst aufwachen würde (wovor Gott uns alle bewahren möge!), dann hätte ich immer noch dasselbe Problem: mit einem Menschen verheiratet zu sein.

Früher habe ich mich oft über meinen Wunsch nach einem »perfekten« Partner geärgert. Aber inzwischen habe ich erkannt, dass dieses Bedürfnis durchaus etwas Heiliges an sich hat. Falsch daran war nur, dass ich es auf meinen Mann ausgerichtet habe. Es gibt nämlich einen Grund, warum wir uns alle nach der ultimativen Lovestory sehnen. Warum wir uns als kleine Mädchen am liebsten eine funkelnde Krone aufsetzen und auf den Prinzen warten würden. Warum wir bei Liebesfilmen wehmütig seufzen und bei Tragödien leise weinen. Warum die Realität irgendwie nie an unsere Fantasie heranreicht. *Die Beziehung zu einem Mann war eigentlich nie dazu gedacht, die tiefste Sehnsucht unseres Herzens in diesem Leben zu erfüllen.* Sie ist nur ein Vorgeschmack dessen, was wir mit Gott in der Ewigkeit erleben werden.

Ich muss aber gestehen, dass dies alles für mich ein Geheimnis ist. Immer und immer wieder verwendet Gott das Bild der Ehe, um seine Beziehung zu seinem Volk zu beschreiben. Er ist der Bräutigam. Wir sind die Braut. Er ist der Mann. Wir sind die Frau. Er wirbt um uns. Er liebt uns über alles. Er möchte unser Herz gewinnen. Er bleibt uns immer treu. Wir sind wahrhaft und zutiefst geliebt.

Einmal unterhielt ich mich mit einem jungen Mann, der einer anderen Religion angehörte. Er fragte mich: »Meinst du nicht, das Christentum wird nur deshalb als Liebesgeschichte präsentiert, um es auch an die Frauen verkaufen zu können? Frauen mögen doch Liebesgeschichten so sehr!« Zuerst habe ich gelacht, doch dann habe ich ihm langsam und nachdenklich geantwortet: »Nein, ich glaube, Jesus ist *die* Liebesgeschichte und alle anderen sind nur unvollkommene Kopien davon. Wir werden von ihnen angezogen, weil wir eigentlich für ihn geschaffen sind.« Wenn wir das nicht begreifen, werden wir immer weiter nach einem Happy End an Orten und bei Menschen suchen, wo es nicht zu finden ist. Es gibt nur eine wahre Liebe. Es gibt nur einen, mit dem wir wirklich seelenverwandt sind. Nur ein Prinz ist besser als all die anderen aus den Märchen.

Solange wir hier auf der Erde leben, erhaschen wir nur einen kurzen, schönen Blick darauf, denn unsere Sehkraft ist begrenzt. Wir leben die große Liebesgeschichte hier in unserem Alltag, mit schmutzigem Geschirr und Spaghetti auf dem Fußboden und mit Shorts, die in der Waschmaschine vergessen wurden. Wenn wir von anderen verlangen, dass sie all unsere Bedürfnisse stillen, dann haben wir ihr Versagen damit bereits vorprogrammiert. Und wenn wir erwarten, dass im Hier und Jetzt alles perfekt ist, dann werden wir unweigerlich enttäuscht.

Wir sind ein Volk, das in der Zwischenzeit lebt; die Braut, die den Mittelgang der Kirche entlanggeht, wobei dieser hier auf der Erde eher wie eine lange, staubige Straße aussieht. Trotzdem gehen wir weiter mit unserem weißen Kleid. Wir stecken uns eine Blume ins Haar. Wir halten Ausschau am Horizont unseres Lebens. Denn wir sind die Hoffenden und die hoffnungslosen Romantiker, die tatsächlich glauben, dass ihre große Liebesgeschichte gerade erst begonnen hat und das Beste noch kommt.

Mein Bräutigam,

es kommt mir seltsam vor, dich so anzusprechen. Aber ich weiß, dass es in mir die Sehnsucht nach der perfekten Liebe gibt und du der Einzige bist, der sie stillen kann. Hilf mir, meinen Blick auf dich zu richten, wenn es um das geht, was ich am meisten will und brauche. Danke, dass ich für immer zu dir gehören darf. Amen.

EINUNDVIERZIG

Amen

Das sagt, der Amen heißt, der treue und wahrhaftige Zeuge,
der Anfang der Schöpfung Gottes.

OFFENBARUNG 3,14 (LUTHERBIBEL 2017)

Ein Wort, das mir sehr vertraut ist: *Amen.* Schon als kleines Mädchen mit Pferdeschwanz habe ich es gesagt, während ich mit meiner Familie am Esstisch saß und wir uns an den Händen hielten. Der Duft von mit Käse überbackenen Makkaroni stieg mir dabei in die Nase und machte es mir schwer, die Augen beim Gebet geschlossen zu halten. Ich habe das Wort im Gottesdienst gemurmelt und sogar schon gehört, wie es laut gerufen wurde als eine Art Proklamation. Ich habe es in die Seiten meines Tagebuches gekritzelt, nachdem ich Gott mit schwarzer Tinte mein Herz ausgeschüttet hatte. »Amen dazu« habe ich auch schon einmal in einer E-Mail geschrieben, um die Worte einer Freundin zu unterstreichen, die eine andere Freundin getröstet hatte.

Das Wort kommt mir wie ein guter Bekannter vor, weil ich es schon so lange kenne. Und doch bleibt manches von seiner Bedeutung für mich ein Rätsel. Zuerst dachte ich, es sei kurz und einfach, klar und gut zu verstehen. Doch inzwischen habe ich gemerkt, dass es mehr beinhaltet, als es auf den ersten Blick scheint. Viel mehr als das, was ich wusste, als ich es Hunderte Male am Ende eines Tischgebetes hörte oder tausendmal am Ende einer Sonntagspredigt. Wenn man mich gefragt hätte, was *Amen* bedeutet, dann hätte ich vielleicht geantwortet: »Das Gebet ist zu Ende« oder »Ich unterstütze das«. Doch die wahre Bedeutung liegt weitaus tiefer und ist noch viel schöner. *Amen* heißt: »So sei es.« Es ist ein starkes Wort, das eine Aktion hervorruft, eine mächtige Verbindung zwischen uns und dem Willen des Himmels.

Amen ist auch ein Name von Jesus. Er ist *das* Amen (Offenbarung 3,14). Wenn wir also beten und am Ende dieses Wort aussprechen, dann rufen wir damit in Wirklichkeit ihn. In 2. Korinther 1,20 heißt es: »Alle Zusagen Gottes erfüllen sich in ihm. Und auf das, was Christus für uns getan hat, antworten wir zur Ehre Gottes mit ›Amen‹.« Mit anderen Worten: Jesus ist Gottes »So sei es«.

Wenn wir Gott um einen Retter bitten, ist Jesus in der Futterkrippe das Amen.

Wenn wir um Vergebung beten, ist Jesus am Kreuz das Amen.

Wenn wir neues Leben und Hoffnung brauchen, ist Jesus, der das leere Grab verlässt, das Amen.

Wenn wir uns nach Trost, Frieden, Freude und nach all dem sehnen, was uns Gläubigen verheißen ist, dann ist Jesus für uns mitten im Alltag immer und immer wieder das Amen.

Das bedeutet allerdings nicht, dass wir automatisch alles

bekommen, was wir wollen, wenn wir dieses Wort aussprechen. Es ist einerseits frustrierend, aber auch erleichternd zu wissen, dass *Amen* nicht bedeutet »So tue es«, sondern »So sei es«. Wenn wir *Amen* sagen, dann beten wir nämlich letztendlich darum, dass Gott das Beste für uns tut, und unterstellen uns seinem Willen. Manchmal ist das ganz wunderbar. Manchmal ist es schwer. Meistens ist es von beidem ein bisschen.

Was Gott tut, darauf können wir vertrauen, denn egal worum wir bitten, seine Liebe zu uns durch Jesus steht im Mittelpunkt seiner Antwort. Das galt damals, als meine Kinderbeine während des Tischgebets unruhig vom Stuhl baumelten. Es gilt heute, wenn ich im Schlafanzug in einer kleinen Kammer niederknie, wo es ganz ruhig ist. Und es gilt auch dann noch, wenn meine alten Knochen so knarren wie meine geliebten hölzernen Kirchenbänke und ich innerlich schon halb in der Ewigkeit bin.

Denn eines weiß ich jetzt und werde es nie vergessen: *Amen* ist mehr als das Ende des Gebets. Es ist der Anfang der Antwort – immer und nur mit Jesus.

Amen,

du bist die Antwort auf alles, was ich brauche. Du bist das Ja zu jeder Zusage, die Gott uns gegeben hat. Du bist meine Hoffnung und der Eine, dem ich bedingungslos vertrauen kann. Lass mein Herz in Einklang mit deinem Willen sein, mit dem, wie du bist und wie du mich haben willst. Ich liebe dich. Amen.

ZWEIUNDVIERZIG

Der mich heilt

Ich will den Herrn loben und nie vergessen, wie viel Gutes er mir getan hat. Ja, er vergibt mir meine ganze Schuld und heilt mich von allen Krankheiten! Er bewahrt mich vor dem sicheren Tod und beschenkt mich mit seiner Liebe und Barmherzigkeit.

PSALM 103,2-4

Ich saß neben einer Frau, die an den Rollstuhl gefesselt war. Sie erzählte mir, wie sie einst im Sterben lag und Gott bat, ihr Leben zu verschonen und sie bei ihren Kindern bleiben zu lassen. Damals war sie neunundzwanzig. Ihre zwei kleinen Töchter waren meine Mutter und meine Tante. Sie durfte weiterleben und Geburtstagskerzen auspusten, bis es fast achtzig auf der Torte waren. Dann ging sie nach Hause in den Himmel, so wie wir alle es uns wünschen – friedlich im Schlaf. Das Gebet wurde erhört.

Ich habe auch am Bett eines Mannes gesessen, der an Krebs litt. Der Schmerz hatte in seinem Gesicht tiefe Furchen hinterlassen. Ich achtete auf seine Atemzüge, während ich betete, als er es nicht mehr konnte. Er war dreiundneunzig. Und es blieb ihm nicht mehr viel Zeit. Er ging zu ihr, seiner Frau, die zuerst heimgegangen war. In diesem Fall sah die Heilung anders aus. Um Mitternacht am Himmelfahrtstag machte er sich auf den Weg zu ihr und zu Jesus. Das Gebet wurde erhört.

Anfang dieser Woche ist der Mann einer guten Freundin von uns plötzlich beim Abendessen zusammengebrochen. Während ich diese Zeilen schreibe, kämpfen die Ärzte noch um sein Leben. Wir Freunde haben eine Onlinegruppe gebildet, um seine Frau und uns gegenseitig zu trösten. Wir teilen Bibelverse, Tränen und Lieder miteinander. Und unterschwellig haben wir den verrückten Glauben, dass egal ob er hier wieder aufwacht oder in der Gegenwart von Jesus, das Ergebnis dasselbe ist: Das Gebet wird erhört.

Gott den zu nennen, der uns heilt, ist kühn und gar nicht so selbstverständlich, denn seine Wege sind oft geheimnisvoll, seine Pläne unvorhersehbar und seine medizinischen Methoden jenseits unserer Vorstellungskraft. Das erfordert Vertrauen, Willenskraft und oft auch Tränen. Wie leicht sind wir versucht zu sagen: »Du bist nur dann ein guter Gott, wenn du genau auf diese Weise und genau zu dem Zeitpunkt heilst, wie wir es wollen.« Doch in Wirklichkeit wäre es besser zu sagen: »Du bist gut, *auch wenn du es nicht tust*« – egal, ob wir diesen Satz flüstern, schreien oder stöhnen.

Uns Gott auf diese Weise zu überlassen führt uns in Trauer, es belastet und fordert uns bis zum Äußersten. Und ich bin sicher, dass Gott das genau versteht; er trauert mit uns. Jesus weinte vor dem Grab von Lazarus, obwohl er wusste, dass sein Freund in wenigen Augenblicken auferstehen würde. Diese Welt und die Menschen, die in ihr leben, sind auf eine Weise zerstört worden, die Gott nie beabsichtigt hat. Und er ist entschlossen, dass es einen Tag geben wird, an dem alles wieder in Ordnung kommt, an dem er nicht nur unsere, sondern auch seine Tränen für immer abwischt.

Sein Mitgefühl erstreckt sich jedoch nicht nur auf unsere so zerbrechlichen Körper, sondern auch auf unsere Seele. Die Krankheit der Sünde, die Infektion der Ablehnung, die verheerende Wirkung von Abhängigkeiten, die Narben der Furcht, die erlittenen Verluste, das Zerbrechen von Beziehungen – die Menschheit ist ein wandelndes Krankenhaus, das mit Verwundeten gefüllt ist. Gott geht durch die Flure, er geht in jedes Zimmer und kümmert sich um alles. Vom schwachen Niesen bis zur zerschmetterten Seele. Kein Leid ist für ihn zu klein oder zu groß. Nichts liegt ihm mehr am Herzen, als uns wieder heil und ganz zu machen. Das hat er bewiesen, als er für uns ans Kreuz ging, unseren Schmerz auf sich nahm und ihn zu seinem eigenen machte. »Durch seine Wunden sind wir geheilt« (Jesaja 53,5).

Der Satz steht im Präsens – »wir *sind* geheilt«. Es ist also schon passiert. Es gilt schon. Das bedeutet: Wenn wir um Heilung beten, gibt es kein »ob«, sondern nur ein »wann« und »wie«. Manches geschieht jetzt, anderes erst in der Ewigkeit. Was Gott tut, ist durch seinen ewigen Ratschluss und seine Treue bestimmt, nicht durch unsere Bemühungen oder die Größe unseres Glaubens. Wir müssen uns nicht noch mehr anstrengen oder erst gut sein, um die Antwort zu bekommen, die wir uns wünschen. Gott manipuliert nicht; er tröstet und tut Wunder.

Also warten wir. Und beten. Wir kämpfen. Wir hoffen. Manchmal jubeln wir. Manchmal weinen wir. Und immer überlassen wir uns dem Einzigen, der uns heilen kann mit seinen Händen, an denen noch die Narben der Nägel zu sehen sind.

Mein Gott, der mich heilt,

manchmal ist es schwer, in dieser zerbrochenen Welt zu leben.
Das verstehst du, weil du ja selbst hier gewesen bist. Du weißt,
was Schmerz ist, und hast Mitleid mit uns. Bitte schenke
Heilung auf die Weise, die du für die beste hältst,
auch wenn es jenseits meiner Vorstellungskraft liegt.
Ich vertraue mich dir mit Leib und Seele an, mit meinem
ganzen Leben und mit allen Menschen, die ich liebe. Amen.

DREIUNDVIERZIG

Der Treue

*Wir wollen unbeirrbar an der Hoffnung festhalten, zu der wir
uns bekennen; denn Gott ist treu und hält, was er zugesagt hat.*

HEBRÄER 10,23 (NEUE GENFER ÜBERSETZUNG)

Ein gut aussehender junger Mann fährt im Jahr 1932 mit
seinem Lieferwagen, einem Ford Roadster, an einer Gruppe hübscher junger Damen vorbei, die ihre Schulbücher un-
term Arm tragen. Er bremst, öffnet die Tür, grüßt höflich,
die Mädchen kichern. Sie klettern auf den Wagen und lassen
sich von ihm zur Highschool fahren. Doch für den jungen
Mann und eine der jungen Damen beginnt an diesem Tag
eine noch viel längere Reise. Kurz darauf brennen John und
Ann miteinander durch; Ann ist erst siebzehn Jahre alt und
ihr Vater will sie mit einem viel älteren Mann verheiraten.
Ihre Flucht scheint überstürzt, ein Akt der Verzweiflung. Be-

stimmt gab es damals genug Skeptiker, die sagten: »Das wird nicht lange halten.«

Doch sie lagen falsch.

John und Ann haben vor über vierundachtzig Jahren geheiratet und sind jetzt beide über hundert Jahre alt. Sie haben vierzehn Enkel, sechzehn Urenkel und sind Amerikas »am längsten verheiratetes Paar«. Wie man sich vorstellen kann, war das Interesse an dem Geheimnis ihrer langen Ehe groß. Also richtete ein Unternehmen für sie an einem Valentinstag einen Twitter-Account ein – etwas, was sich das Paar im Jahr 1932 nie hätte vorstellen können – und die Leute konnten ihnen online Fragen stellen. Johns und Anns Antworten waren in vielerlei Hinsicht ganz unspektakulär. Darin kamen weder rote Rosen vor noch Privatjets, auch keine Ständchen, die man sich bringt, oder sonst irgendwelche großen Gesten. »Am Anfang hatten wir es nicht leicht«, sagt John, »aber zum Glück waren wir mit dem zufrieden, was wir hatten. Es ist einfach wichtig, dass man mit dem zufrieden ist, was man hat.« – »Aus ihm kann man nichts Romantisches herausbekommen«, meint Ann. »Es ist einfach Hingabe. Warum soll man das erklären …?«

Ann stellt eine berechtigte Frage: Warum soll man das erklären, wenn man es doch so lange gelebt hat, dass es einem so selbstverständlich vorkommt wie das Atmen? Als ich mir ihre Antworten noch einmal anschaue, finde ich zwischen den Zeilen ein gemeinsames Thema. Das wahre Geheimnis ihrer Zweisamkeit, ihrer jahrzehntelangen Verbindung ist: Treue. Sie ist Teil jeder guten Beziehung, aber sie ist nicht so auffällig, eher unscheinbar und wird oft übersehen. Und doch ist sie mindestens genauso wichtig wie ihr Gegenpart, der mehr gefeiert und anerkannt wird: die Liebe.

In der Bibel kommen die beiden immer wieder zusammen vor:

An Liebe und Treue zu anderen soll es bei dir niemals fehlen. Schmücke dich damit wie mit einer Halskette! (Sprüche 3,3; Gute Nachricht Bibel)
Wer dem Herrn treu ist und Liebe übt, dem wird die Schuld vergeben. (Sprüche 16,6)

Die Begriffe »Liebe und Treue« werden mehr als zehnmal auch zur Beschreibung von Gottes Wesen verwendet.

Treue ist ein Wort, das wir instinktiv verstehen, aber wie Ann fällt es uns schwer, es zu erklären. Ich selbst habe lange darüber nachgedacht und komme zu folgendem Schluss (der eine Menge damit zu tun hat, dass ich meine Wurzeln in den Südstaaten der USA habe …): Die Leute hier nennen es »Dranbleiben«. Es bedeutet, dass man eine Sache durchsteht, sich weiterhin einsetzt, in allem Auf und Ab nicht aufgibt. Es ist das »In guten und in schlechten Zeiten« aus dem Eheversprechen. Eine unnachgiebige Entschlossenheit, nicht aufzugeben, nicht umzufallen und nicht loszulassen – egal was passiert.

Genauso liebt uns Gott. Seine Hingabe an uns hängt nicht davon ab, wie »gut« wir uns an einem Tag schlagen. Sie beruht nicht auf unserer Leistung oder unserer Vollkommenheit. Unser göttlicher Partner läuft nicht raus und schlägt die Tür hinter sich zu, weil wir den Hochzeitstag vergessen, den Toast verbrannt haben oder noch die Haare in der Dusche sind. Oder viel, viel Schlimmeres.

Und Gott möchte, dass wir im Gegenzug auch ihm gegenüber treu sind. Dass wir ihm nicht aufkündigen, weil er unser Gebet nicht beantwortet hat, unsere Pläne nicht aufgehen oder wir seine Liebe nicht spüren können, obwohl sie so real ist wie die Sonne über uns.

John und Ann haben mehr als vierundachtzig Jahre gemeinsam auf dieser Welt verbracht. Mit Gott werden wir auch mindestens so lange zusammen sein – dazu noch die ganze Ewigkeit. Wie Ann sagt: »Es ist eine lebenslange Sache. Wie soll man Liebe definieren? Durch Handeln, Verstehen und viele Kleinigkeiten.« Mit anderen Worten: durch Treue. Immer einen Augenblick, einen Tag und eine Ewigkeit nach der anderen.

Treuer Gott,

du bist der Einzige, der jeden Tag bei mir sein wird, solange ich hier auf der Erde lebe, und später für immer im Himmel. Du bist meine Liebe, mein Partner, der beste Freund meiner Seele und so vieles mehr. Hilf mir, dir treu ergeben zu bleiben. Und danke, dass du versprochen hast, auch mir ganz und gar treu zu sein. Amen.

VIERUNDVIERZIG

Der Geber

Gott hat sogar seinen eigenen Sohn nicht verschont,
sondern ihn für uns alle dem Tod ausgeliefert.
Sollte er uns da noch etwas vorenthalten?

RÖMER 8,32

Wir sitzen vor meinem Kamin auf zwei Hockern und einem Stuhl, auf dem rote Kissen hoch aufgetürmt sind. Dann justieren wir den Winkel meiner Handykamera – erst hoch, dann wieder runter. Wir schieben das letzte Mal eine herunterhängende Haarsträhne beiseite, machen noch ein paar Scherze und versuchen, mit dem Lachen aufzuhören, bevor der Countdown auf dem Display abgelaufen ist – drei, zwei, eins. Nun sind wir live im Internet zu sehen. Suzie Eller, Jennifer Watson und ich senden die neueste Episode unserer Reihe unter dem Titel »Mehr als Small Talk«. Wir unterhalten uns über Probleme und Ängste, reale und alltägliche Dinge; wir sprechen darüber, was wir als wahr erkannt haben und was wir noch in langen Prozessen lernen müssen.

Heute geht es um das Thema »Vergleichen« und wir alle müssen zugeben, dass wir damit zu kämpfen haben – mit dieser raffinierten alten Bestie, die uns am liebsten große Stücke unserer Freude, Zufriedenheit und Identität wegfressen würde. Suzie hat eine Reihe von Frauen gefragt, wie sich dieses Monster in ihrem Leben zeigt, mit seinem schuppigen Schwanz und seinem großen Maul, das nach uns schnappt. Eine Frau beschreibt das Vergleichen so, wie viele von uns es erleben: »Manchmal fühlt es sich so an, als ob jemand anderes meinen Traum lebt.«

»Oh ja«, antworten wir alle einstimmig, als dieser Satz fällt, manchmal kommt es uns wirklich so vor.

In der Zeit, als wir uns sehnsüchtig ein Kind wünschten, war ich oft versucht, der Lüge des Vergleichens zu glauben. Und ich habe ihren Schatten auf so manchen Gesichtern gesehen: bei geschäftlichen Sitzungen, in denen viel auf dem Spiel stand; bei Konferenzen, in denen aufstrebende Autoren versammelt waren; im Schwimmbad, in der Make-up-Abteilung des Drogeriemarktes, ja überall, wo Menschen sich aufhalten. Irgendwie scheinen wir zu glauben, dass Gott uns etwas vorenthalten will. Diese Versuchung geht schon zurück bis in den Garten Eden, wo Eva auf die Schlange hörte; die wollte ihr weismachen, dass Gott ihr etwas Wichtiges verweigerte. Etwas, das sie verdient hatte. Etwas, wozu sie berechtigt war. Der Feind unseres Herzens will uns dasselbe auch heute einreden, wenn es um unsere Beziehung zu Gott geht.

Wenn wir Gott als knauserig ansehen – als einen alten Geizhals, der uns nur einen Brotkrümel gibt, obwohl er einen Schrank voller Kekse hat –, dann werden wir innerlich bitter und fühlen uns betrogen. Wir meinen, die anderen bekommen immer ein bisschen mehr als wir. Wir sind nicht mehr fähig zu vertrauen, uns zu entspannen oder etwas dankbar anzunehmen. Aber Gott ist kein Geizkragen, keiner, der alles für schlechte Zeiten zurücklegt, der hamstert, anderen nichts gönnt oder alles für sich selbst behält. Er ist jemand, der im Überfluss schenkt.

Wer ihm rückhaltlos ergeben ist, den lässt er nie zu kurz kommen. (Psalm 84,12)

Gott hat sogar seinen eigenen Sohn nicht verschont, sondern ihn für uns alle dem Tod ausgeliefert. Sollte er uns da noch etwas vorenthalten? (Römer 8,32)

Alles, was Gott uns gibt, ist gut und vollkommen. Er, der Vater des Lichts, ändert sich nicht; niemals wechseln bei ihm Licht und Finsternis. (Jakobus 1,17)

»Gut und vollkommen« – dieser Teil des Verses führt bei uns manchmal zu Missverständnissen. Wir sehen nämlich, was jemand anderes hat, und meinen: »Das wäre so gut für mich. Einfach perfekt.« Doch wenn etwas für jemand anderen gut ist, heißt das noch lange nicht, dass Gott es für uns für das Beste hält und wenn es noch so schön und glänzend aussieht.

Fast ein ganzes Jahrzehnt wünschte ich mir vergeblich ein eigenes Kind. Ich sah all die vielen Babys mit ihren runden Wangen und dachte: *Ja, das wäre doch gut.* Aber Gott schickte mir stattdessen eine zwanzigjährige Tochter und meinte: »Das ist das Beste.« Darauf wäre ich selbst nie gekommen. Doch er hatte vollkommen recht. Manchmal sieht Gott etwas anderes für uns vor, etwas, das wir nicht geplant haben. Manchmal ist das schwer zu verstehen. Manchmal sehen wir den Sinn des Ganzen erst in der Ewigkeit. Aber wir dürfen darauf vertrauen, dass Gott immer großzügig, gütig und weise ist.

Mein Gespräch mit Suzie und Jennifer ist beendet und wir drücken die »Stop« -Taste auf dem kleinen Display. Die Kamera hält an. Aber natürlich sind wir mit dem Thema selbst noch nicht am Ende. Es gibt noch so viel zu entdecken über uns Menschen und über den Gott, der uns geschaffen hat. Über den Einen, der auch alles Gute geschaffen hat, das wir je erlebt haben – den leuchtend blauen Flügel der Libelle, den Geschmack von Wassermelone an einem heißen Sommertag, den Kuss eines lieben Menschen auf unserer Stirn, das Kreuz, die Auferstehung, unser ewiges Zuhause, das auf uns wartet.

Gott enthält uns nichts vor.

Er hält uns die Hände hin.

Sie sind gefüllt mit allem, was wir brauchen. Und mit mehr, als wir uns vorstellen können.

Gott, du Geber alles Guten

in meinem Leben: Alles, was ich bin und habe,
kommt von dir. Danke, dass du mir nie vorenthältst,
was für mich das Beste ist. Stattdessen liebst und gibst du
in überreichem Maße. Ich möchte das weitergeben,
was du mir so großzügig geschenkt hast. Amen.

FÜNFUNDVIERZIG

Derselbe

Jesus Christus ist und bleibt derselbe, gestern,
heute und für immer.

HEBRÄER 13,8

Ich bin neun Jahre alt und hocke im Schneidersitz auf dem Boden der Turnhalle, die vage nach Gummisohlen und Ketchup riecht. Meine Klassenkameraden und ich warten in einer Reihe, bis wir in die Pause, zum Kunstunterricht oder in die Bibliothek gehen können. Wahrscheinlich tragen wir neonfarbige Shorts und ebensolche Haarbänder in unseren Zöpfen; Kinder der Achtzigerjahre eben. Die beiden Mädchen neben mir beugen sich zu mir herunter, lächeln und sagen: »Wir wollen dir was sagen. Wir sind nämlich jetzt beste Freundinnen.« Ich schaue zwischen den beiden hin und her und bin ein bisschen verwirrt, denn erst gestern hat die eine mit den roten Haaren mir erklärt, dass *ich* immer ihre beste Freundin sein würde.

An diesem Tag fahre ich allein mit dem Fahrrad nach Hause und komme mir sehr verloren vor. Dann sitze ich am Küchentisch mit einem Keks in der Hand und meine Mutter sitzt mir gegenüber. Solche Dinge passieren, erklärt sie mir behutsam. Ich nicke, fühle mich sehr klug und erwachsen, sogar in meiner Enttäuschung. Später fällt mir diese Geschichte wieder ein, als ein Junge, für den ich schwärme, mit mir flirtet und schon am nächsten Tag mit einer langbeinigen Athletin Händchen hält. Ich spüre das gleiche Gefühl, wenn das Gespräch mit dem Verleger auf der Konferenz so gut läuft und dann der Brief mit der Absage kommt. Wenn die Onlinesurfer sich wie eine Spatzenschar auf meiner Homepage niederlassen und am nächsten Tag zu einer anderen weiterziehen.

Die Unbeständigkeit liegt in der Natur des Menschen. Wir stecken uns Ringe an und dann unterschreiben wir die Scheidungspapiere. Wir sind Angestellte des Monats und haben plötzlich ein Kündigungsschreiben in der Hand. Wir sind gut mit jemandem befreundet, doch dann entfernen wir uns immer mehr voneinander, durch Raum und Zeit und den Verlauf unseres Lebens, bis wir irgendwann ein altes Foto in der Hand haben und denken: *Ich habe sie schon lange nicht mehr gesehen.* Und doch suchen und hoffen wir; wir sehnen uns nach dem Menschen, der immer bleibt. Nach der Konstante, die nie verschwindet.

In solchen Momenten tröstet es mich zu wissen, dass »Jesus Christus derselbe ist und bleibt, gestern, heute und für immer« (Hebräer 13,8). Er sucht sich nicht morgen jemand anderen zum Spielen. Er schenkt uns keine Rosen und vergisst dann, uns am nächsten Tag anzurufen. Er gewinnt uns nicht für sein Lieblingsprojekt und versäumt es, uns am Ende zur Abschlussfeier einzuladen. Er nutzt uns nicht aus und wirft uns anschließend weg; er nimmt uns nicht in den Arm, um uns dann wieder von sich zu stoßen; er flüstert uns keine betörenden Worte ins Ohr und verliert dann unsere Telefonnummer. Denn seine Liebe zu uns beruht nicht auf unserer Anziehungskraft, sondern sie ist in seinem Wesen verwurzelt. Sie entspringt nicht seinen Emotionen, sondern seiner ewigen Treue. Sie hängt nicht von dem ab, was wir für ihn tun, sondern von dem, was er bereits für uns getan hat.

Und es kommt noch besser. Jesus sagt auch: »Sieh doch, ich mache alles neu!« (Offenbarung 21,5). Sein Wesen verändert sich nicht, und doch ist er immer in Bewegung, auf endlos kreative Weise. Genau danach sehnen wir uns, wenn wir Freundschaftsbänder austauschen, das Eheversprechen ablegen oder uns das erste Mal in einem neuen Büro an den Schreibtisch setzen. Wir möchten sicher sein, dass wir der Person, mit der wir uns da verbunden haben, ganz und gar vertrauen können. Und gleichzeitig möchten wir wissen, dass dies zu einem lebendigen, spannenden Leben des Wachstums führen wird. Wir wollen Stabilität und Abenteuer, Beständigkeit und Veränderung, Vertrautes und Neues.

Wenn wir all das jedoch von einem menschlichen Wesen erwarten, dann wird das immer in Enttäuschungen enden. Daraus folgt allerdings nicht, dass wir unser Herz verschließen und uns vorwerfen sollen, wir seien unrealistisch oder irrational. Stattdessen sollen wir mit unserer Sehnsucht zu Gott kommen, der sie überhaupt erst in uns angelegt hat. Denn er ist der Einzige, der sie wirklich stillen kann. Jesus ist »derselbe gestern, heute und für immer« (Hebräer 13,8), aber er sagt auch: »Ich mache alles neu!« (Offenbarung 21,5). Wir brauchen beides. Und beides gilt für immer.

Jesus, der du immer derselbe bist,

es ist so tröstlich zu wissen, dass dein Wesen und deine Liebe zu mir so beständig sind. Und gleichzeitig lädst du mich zu neuen Abenteuern ein. Ich vertraue dir und will dir folgen. Nur du kannst die Sehnsucht meines Herzens stillen. Amen.

SECHSUNDVIERZIG

Der für mich sorgt

Ladet alle eure Sorgen bei Gott ab, denn er sorgt für euch.

1. PETRUS 5,7

Ich befinde mich in einem Meer von Menschen. Ein Pulk von Geschäftsreisenden in dunklen Anzügen und mit glänzenden Lederaktentaschen geht an mir vorüber, ins Gespräch über Kalkulationen und Fusionen vertieft. Dahinter eine Familie; die beiden Kleinkinder deuten auf den Eisverkäufer, während ihre unter Schlafmangel leidende Mutter eine Hand gegen ihre müde Stirn presst. Danach kommt eine Sportmannschaft in Trainingsanzügen, auf denen das Motiv eines vierblättrigen Kleeblatts prangt; sie klatschen sich lautstark ab.

»Bist du so weit?«, fragt mich mein Mann. »Wir müssen jetzt zum Gate.« Ich nicke, doch in Wirklichkeit bin ich hundemüde. Lange Flüge. Große Flughäfen. Schwere Taschen.

Mark schreitet voran und ich schleppe mich hinterher. Irgendwann dreht er sich um und blickt auf meine Laptoptasche, die über meiner Schulter hängt, mir Rückenschmerzen verursacht und mich ausbremst. Er streckt mir die Hand entgegen. »Ich nehme dir das ab«, sagt er und ich schaue zu, wie mein durchtrainierter Mann mit einer feminin aussehenden Tasche in der Hand weitergeht. Weil er mich liebt. Ich gehe jetzt schon ein ganzes Stück aufrechter, kann mit ihm Schritt halten und widerstehe dem Kaffeeduft, als wir an einem Coffeeshop vorübergehen. Wir kommen gerade am Gate an, als unser Flug aufgerufen wird.

Monate später fällt mir diese Geschichte wieder ein, als ich in der Bibel die Worte lese: »Ladet alle eure Sorgen bei Gott ab, denn er sorgt für euch« (1. Petrus 5,7). *Was bedeutet das eigentlich genau?,* frage ich mich. Dann finde ich die Antwort: »Das griechische Wort für *abladen,* das in 1. Petrus 5,7 verwendet wird, lautet *epiripto,* eine Zusammensetzung aus *epi* und *ripto. Epi* bedeutet *auf* im Sinne von *auf etwas hinauf* und *ripto* heißt *werfen* oder *schleudern,* häufig im Sinne eines heftigen Werfens, das mit voller Kraft erfolgt.«

Damals im Flughafen konnte ich meine schwere Tasche gar nicht schnell genug loswerden. Ich überlegte keine Sekunde, ob ich das Angebot meines Mannes annehmen sollte. Ich versuchte auch nicht, meine Tasche aus Stolz doch alleine weiterzutragen, sondern ließ meine Last so schnell wie möglich los. Aber in meinem Alltag ist das nicht immer so. Statt meine Sorgen abzuladen, behalte ich sie lieber bei mir. Ich drücke sie fest an mich und passe gut auf sie auf. Und währenddessen sagt Jesus: »Komm, lass mich das nehmen.« Glücklicherweise versteht Jesus, warum wir Menschen so sind. Es fällt uns schwer zuzugeben, dass wir es allein nicht schaffen. Wir neigen dazu, uns an das zu klammern, was uns nach unten zieht. Darum macht er uns sein Angebot nicht nur einmal, sondern immer und immer wieder, sanft und mit großem Mitgefühl. Es ist nie zu spät, es anzunehmen.

Auch das Wort *Sorgen* in 1. Petrus 5,7 bedeutet mehr, als ich dachte. Es ist nicht nur dieses flattrige Gefühl in der Brust, es sind nicht nur die schweren Gedanken, die uns nachts aufschrecken und uns wach liegen lassen. Das Wort beschreibt vielmehr jedes Problem und jede Schwierigkeit, jede Herausforderung und jedes Leid, alle Ängste und Ungewissheiten. Jede Kleinigkeit.

Ich schreibe hier über das Loslassen von Sorgen, obwohl ich weiß, dass das oft leichter gesagt als getan ist. Ich selbst neige leicht dazu, mich unter Druck zu setzen. Ich bin sehr sensibel, was Ängste betrifft. Manchmal habe ich das Gefühl, ständig gegen Sorgen ankämpfen zu müssen, jeden Tag. Gebe ich dann meine schwere Tasche immer sofort ab? Leider nicht. Oft schleppe ich sie mit mir herum, bis ich schlichtweg nicht mehr kann, bis sie mir von der Schulter rutscht, weil ich zu erschöpft bin und keinen Schritt weiterkann. Aber wissen Sie was? Jesus nimmt sie mir auch dann noch ab. Und allmählich lerne ich, sie früher loszulassen.

Zu wissen, dass Jesus mir meine Sorgen abnimmt, ist kein Selbstläufer. Es ist keine simple, einmalige Lösung. Aber für mich bedeutet es, dass es immer Hoffnung gibt. Ich entdecke allmählich ein anderes, freieres Leben. Und es bedeutet: Wenn ich einmal mein endgültiges Ziel erreiche, habe ich viel weniger Gepäck dabei.

Gott, der du für mich sorgst,

danke, dass du meine Lasten, Ängste und Sorgen so
großzügig auf dich nimmst. Nichts ist für dich zu schwer zu
tragen und nichts ist in deinen Augen so leicht, dass du dich
nicht darum kümmerst. Ich möchte das, was mich nach
unten zieht, in deine liebevollen Hände legen. Amen.

SIEBENUNDVIERZIG

Ruhe

Nur bei Gott komme ich zur Ruhe;
geduldig warte ich auf seine Hilfe.

PSALM 62,2

Wir haben eine Couch, die eine regelrechte Zufluchtsstätte ist. Sie beschützt einen wie eine Bärenmutter. Wenn man sich auf sie legt, dann scheint sie einen in die Arme zu schließen, und es ist, als ob man auf ihrem Schoß ruht. Sie ist ein altes Möbelstück, verschlissen und weich an genau den richtigen Stellen. Letzten Samstag schien sie mir zuzuflüstern: »Komm her, Kleines«, und so gehorchte ich und legte mich in ihre Arme, als ob mir jetzt niemand mehr etwas anhaben könnte, als ob die Welt da draußen untergehen könnte und ich unbeschadet bliebe. Stunden später wachte ich wieder auf und erschrak, als ich auf die Uhr sah. *So müde war ich,* dachte ich, *und habe es nicht einmal gemerkt.*

Da bin ich sicherlich nicht die Einzige. Die Tageszeitung *USA Today* führte eine Umfrage durch, die sich über mehrere Jahre erstreckte. Sie ergab, dass die Befragten Jahr um Jahr mehr zu tun hatten, besonders die Frauen.[6] Allerdings komme ich in meinem Leben allmählich an einen Punkt, wo ich feststellen muss, dass es zwar verlockend sein mag, viel zu tun zu haben, es aber nicht immer das Beste ist.

Zum ersten Mal fing ich an, darüber nachzudenken, als ich vor fast zwei Jahren am Rand eines Burn-outs stand. Es fiel mir schwer, morgens aufzustehen und meinen Alltag zu bewältigen. Gespräche waren anstrengend. Manche Aufgaben kamen mir wie eine schwere Last vor. Ich träumte davon, nach Australien auszuwandern und dort einen Job als Barista anzunehmen. *Doch dann kam Jesus.* Er sagte mir, dass ich ihm nichts beweisen müsste, weil er mich so liebt, wie ich bin. Ich sollte nicht in erster Linie Leistung bringen, sondern einfach ich selbst sein. Und vor allem zeigte er mir, was es heißt, in Ruhe zu leben.

Ja, ich bin immer noch eine Lernende. Meine Bärenmutter-Couch kann das bestätigen. Doch eines habe ich immerhin gelernt: Ruhe ist nicht gleichbedeutend mit Faulheit, sie ist kein Mangel an Verantwortungsbewusstsein oder die fehlende Bereitschaft, meinen Teil der Verpflichtung zu erfüllen. Sie ist ein Geschenk, das aus dem liebevollen Herzen meines Gottes kommt.

Dieser Gedanke zieht sich wie ein roter Faden durch die Bibel. Im 1. Buch Mose, am Ende des Schöpfungsberichts, heißt es, dass Gott ruhte und uns damit ein Vorbild gab. Er führte sein Volk aus dem harten Leben in Ägypten heraus in das Gelobte Land Kanaan, was wörtlich »der Ort der Ruhe« bedeutet. Im Buch der Psalmen ist er der Hirte, der uns zu saftigen Wiesen und frischen Quellen führt und uns neue Kraft gibt (Psalm 23). Im Neuen Testament fordert Jesus uns auf: »Kommt alle her zu mir, die ihr euch abmüht und unter eurer Last leidet! Ich werde euch Ruhe geben« (Matthäus 11,28). Und schließlich heißt es in Hebräer 4,9: »Gottes Volk erwartet also bis heute die Zeit der Ruhe, den wahren Sabbat.« Ruhe ist und bleibt Gottes Wunsch und Bestimmung für uns, nicht die Hektik.

In unserer Kultur haben wir ein sehr enges Verständnis von Ruhe. Wir betrachten sie einfach nur als Unterbrechung unserer Arbeit. Aber für Gott ist sie viel mehr. Ruhe ist ein Zustand des Friedens und der Geborgenheit. Ja, manchmal ist sie tatsächlich eine greifbare Arbeitspause, aber sie ist auch ein bestimmter Lebensstil, ganz unabhängig von dem, was wir gerade tun. Manchmal lag ich schon nachts im Bett und starrte an die Decke. Ich war zwar ganz still, aber nicht ruhig, denn mir ging so viel durch den Kopf und ich machte mir Sorgen. Und manchmal hielt ich einen Vortrag vor Tausenden von Zuhörern und spürte doch einen tiefen inneren Frieden, obwohl meine Lippen in Bewegung waren und mein Terminkalender voll.

Ja, unser Körper braucht regelmäßig Ruhe, aber ich denke, das ist nur die Oberfläche dessen, was Gott sich für uns wünscht. Im Buch Jesaja heißt es: »Alle, die ihre Hoffnung auf den Herrn setzen, bekommen neue Kraft. Sie sind wie Adler, denen mächtige Schwingen wachsen. Sie gehen und werden nicht müde, sie laufen und sind nicht erschöpft« (40,31). Mit anderen Worten: Ruhe ist nicht nur fehlende Aktivität, sondern vorhandenes Vertrauen. Denn Vertrauen ist eine Art innerliche Stütze, ein bewusstes Sichverlassen auf eine andere Person. Das bedeutet, wie David in den Psalmen schreibt, dass Gott selbst unsere wahre Ruhe ist.

Ich hätte nicht gedacht, dass Gott für mich immer mehr wie die Bärenmutter-Couch werden würde, die uns in ihre Arme schließt. Nur dass es unser Herz ist, dem er Geborgenheit schenkt. Die Welt mag untergehen, die Kinder nerven, ein Anruf zieht uns den Boden unter den Füßen weg, die säuberlich verfasste To-do-Liste wird zu einem ausbrechenden Vulkan und doch müssen wir uns von all dem nicht niederdrücken oder überwältigen lassen. Wir können in Ruhe leben, weil wir immer in Gottes Liebe leben, ob in unseren stillsten Momenten oder an unseren stressigsten Tagen.

Gott, meine Ruhe,

hilf mir, diesen Moment innezuhalten und mich dorthin zu begeben, wohin ich gehöre: an den Ort des Friedens und der Geborgenheit in dir. Danke, dass ich zu dir kommen und mich auf dich stützen darf. Danke, dass du mich festhältst, egal was dieser Tag mit sich bringt. Amen.

ACHTUNDVIERZIG

Der mir vergibt

Durch Christus, der sein Blut am Kreuz vergossen hat, sind wir erlöst, sind unsere Sünden vergeben. Und das verdanken wir allein Gottes unermesslich großer Gnade.

EPHESER 1,7

Ein ganzer Berg von zerknüllten Taschentüchern hat sich vor mir aufgetürmt, daneben Flaschen mit Medizin. Dahinter habe ich mich verschanzt wie in einer Festung, bin müde zusammengesunken und warte, bis mich der Schlaf übermannt. Mein Mann kommt herein und sagt etwas. Da ich mich ziemlich benommen fühle, höre ich nicht so gut und verstehe ihn vollkommen falsch. Ich gebe ihm eine harsche Antwort. Wut. Dann Tränen. Ein Rückzug ins Schlafzimmer. Die Tür knallt zu. Anscheinend bin ich völlig übergeschnappt. Was mache ich da eigentlich? Was habe ich gesagt?

Da ich mir nicht sicher bin, ob ich mich einfach so beruhigen und wieder gut benehmen kann, schnappe ich mir meine Handtasche und verlasse, immer noch im Schlafanzug, das Haus. Ich fahre das Auto rückwärts aus der Einfahrt und halte draußen am Straßenrand wieder an, weil ich nicht so genau weiß, wo ich hinfahren und was ich machen will. Wenn ich mich an einen öffentlichen Ort begebe, werde ich wahrscheinlich die ganze Stadt mit meiner Seuche anstecken, und außerdem fühle ich mich nicht fit genug, um auch nur einen Schritt zu Fuß zu gehen.

Dann aber überkommt mich die typische Erleuchtung der Südstaatlerin: Mein Auto fährt wie von selbst zu einem Drive-in, wo ich meine Waffel-Pommes und ein Dr. Pepper light bekomme – so wirksam wie jede gute Medizin. Ich fahre in die letzte Reihe auf dem Parkplatz und rufe meine Freundin an.

Ich erzähle so etwas wie: »Hatte gerade einen kolossalen Zusammenbruch und kann mich nicht beruhigen. Jetzt sitze ich im Auto auf dem Parkplatz und esse Pommes.« Sie versucht meine Worte zu verstehen, die ich mit vollem Mund von mir gebe, und unterdrückt wahrscheinlich ein Kichern, bevor sie mir sagt, das sei nicht das Ende der Welt und, nein, ich sei nicht der schlimmste Mensch auf Erden.

Sie überredet mich, wieder nach Hause zu fahren. »Geh schlafen«, sagt sie. »Schlaf dich erst mal aus und dann klärst du die Sache.« Reumütig und erschöpft kehre ich nach Hause zurück. Ich krabble unter die Bettdecke und wache drei Stunden später wieder auf. Dann gehe ich ins Wohnzimmer, setze mich auf die Bärenmutter-Couch und warte, unschlüssig, wie ich weiter vorgehen soll. Mein Mann kommt aus seinem Arbeitszimmer und beäugt mich vorsichtig, so wie man ein Haustier beobachtet, das bisher immer friedlich war, aber plötzlich angefangen hat zu beißen. Ich klopfe mit der Hand neben mich auf die Couch, um ihm zu signalisieren, dass er nichts zu befürchten hat. Er setzt sich neben mich und dann kommen mir die Tränen – ein regelrechter Fluss, ein reißender Strom. »Es tut mir leid«, sage ich, »es tut mir so leid.«

Bestimmt wird er mich tadeln. Er wird mir alles vorhalten, was ich falsch gemacht habe, nicht nur heute, sondern die ganze Zeit, seit wir verheiratet sind. Er wird dafür sorgen, dass ich mich so schämen muss, wie ich es verdient habe. Ich bin bereit. Ich stelle mich darauf ein. Doch es kommt ganz anders: Mein Mann schaut mich an, legt mir den Arm um die Schultern und sagt nur: »Wir haben alle mal einen schlechten Tag.« Das ist alles. Mehr sagt er nicht. Ende. Ich lehne mich an seine Schulter und kann es kaum fassen.

Doch dann begreife ich es allmählich und ich fühle mich so wertgeschätzt, so geliebt – tiefer noch als in meinen besten Zeiten. Denn gerade dann, wenn ich meine, alles gut zu machen, entsteht bei mir leicht der Eindruck, ich hätte mir all die Zuneigung, Anerkennung und Akzeptanz verdient. Aber jetzt mit meinen verstrubbelten Haaren, meinen ungeschickten Worten und den mit Hustensaft bekleckerten Kleidern habe ich eigentlich nicht viel zu bieten. Überhaupt nichts.

Ich denke an Jesus und daran, dass er uns ja so genau kennt – und weiß, dass wir manchmal einen schlechten Tag haben. Wir meinen, er sei schockiert, überrascht und traurig, wenn wir versagen oder ins Straucheln geraten. Aber weiß er nicht sowieso, wozu wir fähig sind? Ist er nicht gerade deshalb gekommen? Und wenn wir in diesem Zustand zu ihm kommen, kaputt und krank, reumütig und verletzt, dann verurteilt er uns nicht. Er begegnet uns mit Barmherzigkeit. »Es ist vollbracht«, hat er am Kreuz gesagt. Es ist vorbei. Es ist getan. Dir ist vergeben.

Manche Leute behaupten, dass wir es uns zu leicht machen, wenn wir wirklich glauben, dass es so ist. Aber ich weiß noch genau, wie es in den Tagen danach war, als mein Mann mir so liebevoll begegnet war. Ich verspürte mehr denn je den Wunsch, ihm zu gefallen, ihm Gutes zu tun und ihm Freude zu machen. Denn das ist die Reaktion, die die Liebe in uns hervorruft. Wenn wir Gnade erfahren haben, dann leben wir auf ihrer Grundlage.

Ich hoffe, ich muss nie wieder in so einem Zustand Waffel-Pommes essen (sie schmecken nämlich besser mit Ketchup als mit einem schlechten Gewissen). Und ich hoffe, dass Sie mir diese Fettfinger-Geschichte nicht nachmachen. Aber wir sind eben nur Menschen und geraten ab und zu in solche Situationen. Allerdings wissen wir jetzt besser, was wir dann tun sollten. Wir wissen, dass wir, immer noch im Schlafanzug und mit Taschentüchern in der Hand, direkt zu dem Gott gehen können, der uns liebt. Der Eine, der uns in unserem schlimmsten Zustand gesehen hat und uns dennoch liebt wie niemand sonst.

Jesus, der du mir vergibst,

durch deinen Tod am Kreuz und deine Auferstehung ist meine Schuld vergeben, bin ich so angenommen, wie ich bin, und darf ich wachsen und mich zu dem Menschen entwickeln, zu dem du mich geschaffen hast. Danke, dass du meine Sünde und meine Fehler mit deiner Gnade und Liebe zudeckst. Amen.

NEUNUNDVIERZIG

Der mich vollkommen macht

*Für immer und ewig hat Christus mit dem einen Opfer alle
Menschen, die zu Gott gehören sollen, in eine vollkommene
Gemeinschaft mit ihm gebracht.*

HEBRÄER 10,14

Ich tippe das Wort *perfekt* in das kleine Suchfeld auf meiner
Lieblings-Internetseite und die Parade beginnt: Perfekte Augenbrauen. Perfekte Weihnachtsfotos. Perfekte Erdbeer-Kä-
sesahnetorten. Der perfekte wirre Haarknoten (was in meinen Augen ein Widerspruch ist). Mein Herz klopft aufgeregt,
während ich mir das alles ansehe und lese. Wird mir etwa
schwindelig? Ist es zu heiß hier drin? Das Wort *perfekt* und
ich haben eine komplizierte Beziehung.

Doch heute will ich es wissen, was dieses Wort genau bedeutet, und ich beginne mit dem Satz: »Jesus, der Urheber

und Vollender des Glaubens« (Hebräer 12,2; Einheitsübersetzung). Ich stöbere in dicken Büchern, um die Antwort zu finden – hebräische und griechische Wörterbücher, Kommentare, geschrieben von Leuten mit wichtigen Buchstaben vor ihrem Namen. Und Folgendes finde ich dabei heraus: In unserer modernen Welt und Sprache bedeutet *perfekt* »makellos«. Doch in der Bibel ist das anders. Dort bedeutet es eher etwas wie »ganz« und »vollständig«. Wenn wir *perfekt* sagen, dann denken wir an ein Supermodel mit spindeldürren Beinen. Wenn die Bibel *perfekt* sagt, dann meint sie damit eher einen Baum, der wächst, Wurzeln, die immer tiefer werden, Zweige, die sich weiter ausbreiten, Früchte, die in der Nachmittagssonne reifen.

Werbespots und Hochglanzmagazine mit ihren sorgfältig bearbeiteten Fotos und ausgefeilten Botschaften wollen uns glauben machen, dass das Perfekte ein Produkt ist. Man kann es kaufen oder bauen, es herbeizwingen oder finden. Doch in Wirklichkeit ist das Perfekte ein geheimnisvoller, heiliger Vorgang.

Im Hebräerbrief heißt es: »Für immer und ewig hat Christus mit dem einen Opfer alle Menschen, die zu Gott gehören sollen, in eine vollkommene Gemeinschaft mit ihm gebracht« (10,14). Als Jesus am Kreuz starb, sagte er: »Es ist vollbracht.« Wenn wir also das annehmen, was er für uns getan hat, stehen wir auf der Stelle und für alle Zeiten in Gottes Augen perfekt da. Es ist getan. Wir sind das Zerbrochene, das wieder heil wurde. Und doch sind wir immer noch auf dieser Erde und müssen weiterhin lernen, gemäß unserem Wesen zu leben; Tag für Tag werden wir Jesus ähnlicher.

Ich denke, diese Zusammenhänge sollten wir im Auge behalten, wenn wir die Aufforderung lesen: »Ihr aber sollt in eurer Liebe vollkommen sein, wie es euer Vater im Himmel ist« (Matthäus 5,48). Ich habe schon miterlebt, wie Prediger mit der Faust auf die Kanzel schlugen, während sie ihren Zuhörern diesen Satz entgegenschmetterten, weil sie sie dazu bringen wollten, sich besser zu benehmen. Aber zu meinen, wir könnten so vollkommen sein wie Gott, ist nicht nur ignorant, sondern auch unglaublich arrogant. Denn direkt danach sagt Jesus: »Hütet euch davor, eure Frömmigkeit vor den Menschen zur Schau zu stellen« (Matthäus 6,1). Er weiß wohl, dass die typische Reaktion des menschlichen Herzens auf die Aufforderung, »perfekt« zu sein, lautet: »Ich muss mich so richtig anstrengen und das Beste aus mir herausholen.« Und seine Zuhörer fragten sich an diesem Punkt bestimmt: *Wie kann ich denn bloß vollkommen sein?* Jesus selbst ist die Antwort auf diese Frage.

Wir brauchen keine Liste mit Regeln, die wir einhalten sollen. Wir brauchen einen Retter. Wir brauchen uns nicht zusammenzureißen. Wir brauchen einen liebenden Gott, der uns zugute handelt. Wir müssen nicht fehlerlos sein. Wir müssen nur verstehen, dass es bei der Vollkommenheit immer und einzig und allein um den Glauben geht. Sie ist nicht etwas, das wir tun müssen, sondern etwas, das wir durch den Tod von Jesus am Kreuz und durch seine Auferstehung glauben und annehmen sollen.

Wie sieht das aber ganz praktisch in unserem Leben aus? Es bedeutet zum Beispiel: Selbst wenn wir unsere »perfekten« Augenbrauen nicht runzeln wollen, können wir trotzdem zu einer Freundin sagen: »Mir geht's nicht gut. Bitte bete für mich.« Oder: Wenn unser »perfektes« Weihnachts-Familienfoto eher missraten ist und alle nur genervt die Augen verdrehen, dann umarmen wir uns und probieren es noch einmal. Es bedeutet auch: Wenn unsere »perfekte« Erdbeer-Käsesahnetorte in der Mitte eine Furche hat so tief wie der Grand Canyon, dann servieren wir sie trotzdem, weil es ja darum geht, anderen etwas Gutes zu tun, nicht sie zu beeindrucken. Es kann auch bedeuten: Wir gehen manchmal mit unserem wirren Haarknoten und in altmodischen Jogginghosen einkaufen und verstecken uns nicht, wenn wir jemanden treffen, den wir kennen.

Auch vor Jesus brauchen wir uns nicht zu verstecken, selbst in unseren allzu menschlichen Augenblicken. Denn das ist ja unsere Geschichte, die Wahrheit über uns und unsere sichere Hoffnung: Wir sind unvollkommene Frauen, die vor einem vollkommenen Gott vollkommen geliebt werden.

Mein Gott, der mich vollkommen macht,

du lässt mich in deinen Augen perfekt sein und
mich wachsen, damit ich so werden kann, wie du mich
geschaffen hast. Hilf mir bitte, dir dabei zu vertrauen und
nicht immer selbst zu versuchen, vollkommen zu sein.
Danke für das, was du getan hast
und immer noch in mir und für mich tust. Amen.

FÜNFZIG

Der seine Pläne ausführt

Was er sich vorgenommen hat, das tut er;
seine Pläne sind gültig für alle Zeit.

PSALM 33,11

Ich stehe am Waschbecken, eine schmutzige Pfanne in der Hand. Das Spülmittel duftet nach Zitrone und das warme Wasser fließt, während ich die Bürste kreisen lasse, um die letzten Reste von angebranntem Käse zu entfernen. Wenn ich hier stehe, komme ich mir immer klein vor, ganz gewöhnlich und im Alltag verwurzelt. Ich bin schon eine ganze Weile hier in dieser Küche, auf dieser Erde, und frage mich leise: *Was ist meine Bestimmung?*

Vielleicht fragt sich im Haus gegenüber eine Mutter oder Großmutter genau dasselbe, während sie zum zehnten Mal an diesem Tag dem Baby die Windeln wechselt. Und im Stadtzentrum hat vielleicht jemand die Bürotür hinter sich zuge-macht, legt für einen kleinen Moment des Ausruhens den Kopf auf den Stapel von Unterlagen, der auf seinem Schreib-tisch liegt, und stellt sich dieselbe Frage.

Wenn auf diese Frage hin jedoch nur Stille folgt, dann sollten wir uns lieber auf die Suche machen und die nächste Gelegenheit beim Schopf ergreifen. Oder wir laufen einfach vor allem davon. Wir schließen uns dieser coolen Spielgruppe an oder helfen freitags in der Suppenküche mit. Wir kämp-fen um unsere Beförderung oder schieben viele Überstunden. *Meine Bestimmung liegt irgendwo da draußen,* denken wir, *und eines Tages werde ich sie finden.*

Doch dann verfehlen wir die Chance, die wir ergreifen wollten, oder unser Engagement hinterlässt nur eine Leere bei uns und unsere Seele sieht blass aus im Schein der fluores-zierenden Lichter. »Es wird sich schon etwas anderes finden«, reden wir uns ein. »Das Nächste wird dann das Richtige sein.« Und so wandern wir weiter mit unseren unsteten Herzen.

Es ist verständlich, dieses Nomadendasein. Wir leben in einer Kultur, die behauptet, der Sinn des Lebens drehe sich nur um uns. Wir müssten die *eine* Bestimmung finden, die wir hier erfüllen sollen, und dann würde alles gut werden; dann wären wir wieder heil. Doch wenn wir uns genauer anschauen, wie diese *Bestimmung,* dieser *Plan* in der Bibel definiert wird, dann hört sich das ganz anders an.

Was er [Gott] sich vorgenommen hat, das tut er; *seine Plä-ne* sind gültig für alle Zeit. (Psalm 33,11)

Der Mensch macht viele Pläne, aber es geschieht, *was der HERR will.* (Sprüche 19,21)

Das eine aber wissen wir: Wer Gott liebt, dem dient alles, was geschieht, zum Guten. Dies gilt für alle, die Gott *nach seinem Plan und Willen* zum neuen Leben erwählt hat. (Römer 8,28; Hervorhebung jeweils durch die Autorin)

Seine Pläne, was der Herr will, sein Plan und Wille – immer wieder wird deutlich, dass es hier um etwas geht, das von Gott kommt und ihm gehört. Nicht der einzelne Mensch steht hier im Mittelpunkt. Gottes Plan und Wille, das ist eher etwas, das sich wie ein roter Faden durch Zeit und Ewigkeit zieht. Und es ist viel größer als wir. Wenn wir also nur nach »unserer« Bestimmung suchen, werden wir enttäuscht. Doch unser Leben kann sich komplett verändern, wenn wir verstehen, dass es nicht nur darum geht, unsere Bestimmung zu finden, sondern uns Gottes Plan und Willen anzuschließen.

Dann lautet unsere Frage: »Was ist dir, Gott, am wichtigsten?« Jemand stellte einmal Jesus genau diese Frage und erhielt darauf zur Antwort: »›Du sollst den Herrn, deinen Gott, lieben von ganzem Herzen, mit ganzer Hingabe und mit deinem ganzen Verstand.‹ Das ist das erste und wichtigste Gebot. Ebenso wichtig ist aber ein zweites: ›Liebe deinen Mitmenschen wie dich selbst.‹« (Matthäus 22,37-39)

Wenn wir also heute Teil von Gottes Plan sein wollen, dann brauchen wir nur ihn, uns selbst und unsere Mitmenschen zu lieben. Das bedeutet, dass der Abwasch ein Akt der Anbetung Gottes sein kann. Dass das Windelwechseln ein Dienst der Nächstenliebe ist. Und auch ein gut durchgeführtes Projekt an unserem Arbeitsplatz kann etwas sein, das wir für Gott tun. Wir finden unsere Bestimmung also nicht nur »da draußen«, sondern auch »hier drin«.

Das Fleckchen Erde, auf dem Sie gerade stehen, ist der einzige Ort im ganzen Universum, wo Sie und Gott sich gleichzeitig befinden. Hier finden seine Pläne und Sie, die Person, die er geschaffen hat, zusammen. Das ist nichts Kleines oder Unbedeutendes. Es ist schön und kraftvoll. Sie stehen auf heiligem, bedeutsamem Boden.

Mein Gott, du führst all deine Pläne aus,

in Zeit und Ewigkeit und auch in meinem Leben. Zeig mir bitte, wie ich mich an dem Ort, wo ich mich befinde, so für dich einsetzen kann, dass ich dir damit Freude bereite. Du verleihst jedem Moment in meinem Leben einen Sinn. Amen.

EINUNDFÜNFZIG

Das Wort

Das Wort wurde Mensch und lebte unter uns. Wir selbst haben
seine göttliche Herrlichkeit gesehen, eine Herrlichkeit, wie sie
Gott nur seinem einzigen Sohn gibt. In ihm sind Gottes Gnade
und Wahrheit zu uns gekommen.

JOHANNES 1,14

Ich setze mich vor das Mikrofon, das sich mir mit seinem langen Hals entgegenstreckt, als sei es eine neugierige Gans. Beinahe bin ich versucht, es zu tätscheln und ihm zu sagen, dass es von mir nichts zu befürchten hat, ihm einen von den Keksen anzubieten, die ich in meiner Tasche habe, damit es in den nächsten paar Minuten schön lieb zu mir ist.

Ich bin hier bei unserem lokalen christlichen Radiosender, um ein paar einminütige Botschaften der Ermutigung aufzuzeichnen. Die Produzentin, eine sehr tüchtige Frau und gute Freundin von mir, sitzt mir gegenüber. Bevor wir mit dem offiziellen Teil beginnen, unterhalten wir uns ein wenig privat. Ich erzähle ihr von meinem vollen Terminkalender und wie mir nachts so viele Gedanken durch den Kopf gehen und mir den Schlaf rauben. »Ich muss einen Weg finden, mehr Rücksicht auf meine persönlichen Kapazitäten zu nehmen«, erkläre ich. »Ich möchte so nicht mehr weiterleben.« Sie nickt solidarisch und verständnisvoll. Dann berichtet sie mir von ihren eigenen Problemen, die ihr zu schaffen machen.

Nun aber ist es Zeit für die Aufnahme und ich beginne von dem Papier abzulesen, das vor mir liegt.

Unsere Sorgen können die Welt nicht verändern, das kann nur Gott. In Lukas 12,25 heißt es: »Wenn ihr euch noch so viel sorgt, könnt ihr doch euer Leben um keinen Augenblick verlängern.« Jesus in seiner Rücksicht und Freundlichkeit, in seiner überfließenden Barmherzigkeit und Fürsorge, möchte uns die Lasten abnehmen. Er sagt: »Du brauchst das nicht mehr tragen.«

Als ich fertig bin, schauen meine Freundin und ich uns an und lächeln. Denn was ich gerade gesagt habe, war genau das, was wir beide brauchten. Ich habe den Text aus einem Blog entnommen, den ich vor Monaten gepostet habe. Doch in diesem Augenblick und an diesem Ort fühlt er sich ganz neu und lebendig an.

Wenn wir an Jesus als das »Wort« denken, dann stellen wir uns vielleicht eine staubige alte Bibel mit roten Lettern und dicken Bändern als Lesezeichen vor, die auf Wohnzimmertischen liegt oder in Bücherregalen steht. Doch das Wort ist in

Wirklichkeit »voller Leben und Kraft«, denn es ist eine Person (Hebräer 4,12). Das ist schon immer so gewesen.

»Am Anfang war das Wort. Das Wort war bei Gott, und das Wort war Gott selbst. Von Anfang an war es bei Gott. Alles wurde durch das Wort geschaffen; nichts ist ohne das Wort entstanden« (Johannes 1,1-3). Das Wort hat Pfauen und Tomaten erschaffen und die Sommersprossen auf Ihrer Nase. Dann aber kam es selbst in die Schöpfung hinein. Es nahm Gestalt an – hatte Augenlider und Ellbogen und kleine Zehen. Es ging über staubige Straßen, aß Fisch, der über dem Feuer gebraten worden war, und schlief im Heck eines Bootes ein. Oder anders ausgedrückt: *Das Wort war schon immer das Geistliche, das greifbar geworden ist, das Göttliche, das sich in unseren Alltag begibt.*

Als ich dort im Studio das Bibelwort vorlas und es mit dem in Verbindung brachte, was Gott mir dadurch gezeigt hatte, entstand etwas, das es vorher nicht gegeben hatte – neuer Friede und Hoffnung in unseren Herzen. Und Jesus kam in dieses kleine Studio mit seiner Kraft hinein, obwohl er ja vorher schon dort gewesen war. Das Wort spricht da zu uns, wo wir sind – an einem stillen Augenblick am Morgen, in Gesprächen mit Freunden, die Gott ebenfalls lieben, in der Gemeinde und in Besprechungsräumen, im Schlafzimmer, im Fernsehsessel und in einem Studio.

Das Wort ist mehr als die Zeilen auf einer Buchseite. Es erzählt die Geschichte unseres Lebens. Es ist der Anfang, das Ende und auch der Mittelteil der Geschichte. Und es ist immer noch dabei, Neues zu schaffen, sich in unseren Alltag hineinzubegeben und zu unserem Herz zu sprechen, wenn wir bereit sind, ihm zuzuhören.

Jesus, du lebendiges Wort,

du bist der Eine, der mein Herz am besten kennt; du bist die Quelle der Wahrheit, die ich in allen Lebenslagen brauche. Deine Stimme ist stets voller Liebe. Was möchtest du mir heute sagen? Ich will dir zuhören. Amen.

ZWEIUNDFÜNFZIG

Höchster Name

Gott hat ihn erhöht und ihm den Namen gegeben, der über allen Namen steht. Vor Jesus müssen einmal alle auf die Knie fallen: alle im Himmel, auf der Erde und im Totenreich. Und jeder ohne Ausnahme wird zur Ehre Gottes, des Vaters, bekennen: Jesus Christus ist der Herr!

PHILIPPER 2,9-11

Zu den Besten an der Universität gehören. Auf einer Sport-Weltrangliste ziemlich weit oben stehen. Eine Wahl gewinnen. Die Welt möchte, dass wir unseren Namen auf einer Liste irgendwo ganz oben finden. Doch auch innerlich führen wir solche Ranglisten. Wir wollen die Beliebteste sein. Die beste Mutter. Die fleißigste Angestellte. Wenn man mich danach fragen würde, dann würde ich bestimmt antworten: »Oh nein, solche Dinge sind mir gar nicht wichtig.« Doch mein Leben spricht oftmals eine ganz andere Sprache. Ich weiß, was es heißt, in Hektik zu sein, seinen Wert beweisen zu wollen, allen zu zeigen, dass man gut genug ist. Vielleicht bin ich da nicht die Einzige.

Wir besitzen einen inneren Drang nach Geltung, Anerkennung und Wertschätzung. Wir möchten sicher sein, dass wir wichtig sind, dass wir es richtig machen. Welchen besseren Weg gibt es, um den eigenen Namen ganz nach oben zu befördern? Ja, wir hätten es gern schwarz auf weiß, dass wir wertvoll sind. Dann glauben es die anderen sicherlich auch.

Doch in unseren gut gemeinten Bestrebungen vergessen wir oftmals eines: Der oberste Platz in der Liste ist längst vergeben. Jesus hat den »Namen, der über allen Namen steht«.

Ich stelle mir vor, wie sein Name in roter Schrift die Liste der beliebtesten Highschool-Schüler im Jahrbuch anführt. Sein Name signalisiert dem Mädchen, das sich auf dem Klassenfoto verlegen in die hinterste Reihe gestellt hat und von dem man nur einen Teil ihres Gesichts sieht, weil es gelernt hat, sich zu verstecken: »Ich sehe dich. Ich kenne dich. Ich weiß zu schätzen, was du alles kannst.«

Dieser Name thront über den Bildern jeder Ruhmeshalle, über allen Wänden, an denen menschliche Wunder und Errungenschaften gefeiert werden. Und wenn wir genau hinhören, dann flüstert er uns zu: »Du bist nicht, was du tust. Du wirst nicht durch deine besten Momente definiert – und auch nicht durch deine schlechtesten.«

Dieser Name steht auch auf der unsichtbaren Liste der Frau, die in Jogginghosen etwas zu spät kommt, um ihr Kind von der Schule abzuholen. Die Liste ist in ihrem Kopf entstanden. Sie schaut die anderen Frauen an und denkt: *Die hier ist hübscher als ich. Die ist besser organisiert. Die ist besser im Small Talk.* Und der Name sagt zu ihr: »Im Reich Gottes gibt es kein Vergleichen. Du bist nicht mehr oder weniger wert als alle anderen. Du bist mein und das ist alles, worauf es ankommt.«

Wir müssen uns nicht selbst einen Namen machen, denn wir gehören zu dem Einen mit dem höchsten und besten Namen. Was das bedeutet und noch vieles mehr, haben wir auf den Seiten dieses Buches gelesen. Wir haben gesehen, wer Gott ist: der Schöpfer, unser Freund, der uns so vieles schenkt. Wir haben auch herausgefunden, was wir durch ihn sind: geliebt, erwählt, wertgeschätzt. Wenn wir das wissen, leben wir mit einer anderen Perspektive. Wir begreifen, dass wir zwar klein sind, aber doch unendlich wertvoll. Wir sehen, dass wir in Gottes Geschichte eine wichtige Rolle spielen, aber nicht die Autoren sind. Wir wissen, dass schwere Zeiten kommen werden, aber es den Einen gibt, für den nichts unmöglich ist.

Wenn wir müde, furchtsam oder überfordert sind, können wir im Namen Gottes Ruhe, Hoffnung und Kraft finden. »Der Herr ist eine starke Festung: Wer das Rechte tut, findet bei ihm sichere Zuflucht« (Sprüche 18,10). Wenn wir voller Freude sind, am liebsten feiern möchten und unerwartet so viel Gutes erlebt haben, dann jubeln wir im Namen Gottes. »Darum preisen wir dich, unseren Gott, wir loben deinen herrlichen Namen!« (1. Chronik 29,13) In jedem Augenblick unseres Lebens, in allen Situationen und in jeder Gefühlslage – überall gibt es einen Namen Gottes, der unsere Bedürfnisse stillt.

Das ist ja gerade das Wunder: Gott gibt uns nicht einfach nur, was wir wollen oder brauchen; er schenkt sich uns selbst. Sein Wesen und seine Liebe zu uns sind unbegrenzt.

Höchster Name,

du bist der Eine, der würdig ist, all unser Lob zu empfangen. Hilf uns, dir alles zu geben, was wir sind und haben, in dem Wissen, dass du uns im Gegenzug niemals etwas Geringeres geben wirst. Amen.

Dank

Mein Dank gilt meiner Familie, vor allem meiner Mutter, meinem Vater und meiner Großmutter Eula Armstrong, die mir schon in jungen Jahren beigebracht haben, wer Gott ist und wie sehr er uns liebt. Ich bin dankbar für eure Gebete, eure Unterstützung und euer Vorbild.

Mark Gerth, ich bin so froh, mit dir verheiratet zu sein. Du liebst mich mit meinen guten und meinen schlechten Seiten und das hilft mir zu glauben, dass es bei Gott auch so ist.

Lovelle Gerth-Myers, du bist meine Tochter und ein gnädiges Geschenk von Gott, der mich so vieles gelehrt hat über das, was in seinem Herzen vor sich geht, und darüber, wie er unsere Geschichte auf geheimnisvolle und schöne Weise schreibt. Ich bin so dankbar.

Über die Autorin

Holley Gerth kann man oft in einer ruhigen Ecke in einem Café antreffen, wo sie einen Mandelmilch-Latte und ihren aufgeklappten Laptop vor sich hat. Sie hat mehrere Bücher geschrieben, die es auf die Bestsellerliste des *Wall Street Journal* geschafft haben.

Sie ist ausgebildete Seelsorgerin, Lebensberaterin und eine beliebte Referentin, der es viel Freude bereitet, Frauen mit Worten zu ermutigen.

Holley Gerth ist mit Mark verheiratet, und weil Gott oft verrückt-schöne Geschichten schreibt, ist sie die Mutter von Lovelle und Großmutter von Ellie. Bis es Ihnen vielleicht einmal gelingt, mit Holley zusammen Ihren Lieblingskaffee oder Tee zu trinken, ist sie auf ihrer Internetseite holleygerth. com anzutreffen.

Anmerkungen

1 Henry Cloud: *The Power of the Other: The Startling Effect Other People Have on You, from the Boardroom to the Bedroom and Beyond – and What to Do about It.* New York: HarperCollins 2016, Kap. 2, Kindle-Ausgabe.

2 Katrina Nannestad: *When Mischief Came to Town.* New York: Houghton Mifflin Harcourt 2015, S. 162–63.

3 Sharon Jaynes: *How Jesus Broke the Rules to Set You Free: God's Plan for Women to Walk in Power and Purpose.* Eugene, Oregon: Harvest House 2015, S. 16.

4 Elmer L. Towns: *The Ultimate Guide to the Names of God: Three Bestsellers in One Volume.* Grand Rapids: Baker Publishing Group 2014, S. 224.

5 Chuck Wooster: *Living with Sheep: Everything You Need to Know to Raise Your Own Flock.* Lanham, Maryland: Lyons Press 2007, Kap. 9, Kindle-Ausgabe.

6 Marilyn Elias; »People's Views on Time Affect Health, Wealth, Relationships« *USA Today,* 5. August 2008. http://usatoday30.usatoday.com/news/health /2008-08-04-time-paradox-happiness_N.htm.

Ein weiteres Buch von Holley Gerth

Bei dir bin ich geborgen
52 Ermutigungen aus den Psalmen
ISBN 978-3-86827-609-1
189 Seiten, gebunden

Wünschen Sie sich auch manchmal mehr Kraft, Gelassenheit, Zuversicht oder Lebensfreude? Sehnen Sie sich danach, Gottes Gegenwart in Ihrem Alltag deutlicher wahrzunehmen?

Dann lassen Sie sich von den 52 Psalmworten und Ermutigungsandachten in diesem Buch neu die Nähe Gottes und seine Versprechen vor Augen führen. Auf Gott können wir uns immer verlassen. Er richtet uns auf, wenn das Leben uns niederdrückt. Er will unsere Wunden heilen und für uns da sein. Er bietet uns einen sicheren Zufluchtsort und schenkt uns neue Hoffnung. Bei ihm sind wir geborgen und zutiefst geliebt.

Weitere Bücher von FRANCKE

Joanneke Wiersma
TEA-TIME
Zeit, dein Potenzial zu entdecken
ISBN 978-3-96362-090-4
160 Seiten, Paperback

Dein himmlischer Vater hat dein Glück vor Augen. Er möchte dir ein erfülltes Leben schenken. Er freut sich, wenn du so lebst, wie du gemeint bist, wie er dich geschaffen hat, mit all deinem Potenzial. Dieses Buch hilft dir, dem auf die Spur zu kommen, was Gott in dich hineingelegt hat. Was ist dein Ding? Was ist deine »Cup of TEA?« Wie kannst du deine Talente zur Ehre Gottes und für Andere einsetzen? Dieses Buch möchte dich dazu ermutigen, dich selbst besser kennenzulernen, Schwerpunkte zu setzen und andere Menschen mit deinen Talenten zu beschenken.
Anregende Texte und Interviews, Lyrik und Bibelverse, einfach umzusetzende Ideen, kurze Gebete, geistliche Übungen und Persönlichkeitstests und nicht zuletzt die wunderschöne Gestaltung machen dieses Buch zu einer bemerkenswerten Inspirationsquelle.

Debora Sommer
Blühe dort, wo du gepflanzt bist
ISBN 978-3-96362-019-5
256 Seiten, Paperback

Debora Sommer hat sich aufgemacht, dem Geheimnis blü-
henden Lebens auf die Spur zu kommen. Wieso gelingt es
manchen Menschen, trotz schwierigster Lebensumstände zu
blühen, während andere daran kaputtgehen? Warum schielen
wir so oft sehnsüchtig auf die Lebensgärten anderer?

Die gute Nachricht ist: Blühendes Leben ist jederzeit möglich. Ungeachtet der Lebensumstände. Jeder kann dort, wo
er gepflanzt ist, aufblühen und reiche Frucht bringen. Allerdings gibt es einige Faktoren, die das Blühen hindern, und
andere, die es fördern. Welche das sind und wie eine gesunde
Verwurzelung aussehen kann, die letztlich die entscheidende
Voraussetzung für ein erneutes Aufblühen ist, zeigt Debora
Sommer anhand vieler persönlicher Geschichten und prakti-
scher Tipps einfühlsam auf. Fragen zum Weiterdenken helfen
dem Leser, das Gelesene ganz konkret auf die eigene Lebens-
situation zu übertragen.

Valorie Burton
Das Geheimnis glücklicher Frauen
*Wie Sie mehr Zufriedenheit und
Freude in Ihren Alltag bringen*
ISBN 978-3-86827-531-5
264 Seiten, Paperback

Sehnen Sie sich auch manchmal nach mehr in Ihrem Leben?
Mehr Abwechslung? Mehr Vorfreude? Mehr Zeit für sich
selbst? Mehr Zeit für die Familie? Mehr Dankbarkeit? Mehr
Zufriedenheit? Denken Sie auch hin und wieder: Eigentlich
geht es mir ja gut. Eigentlich ist ja alles in Ordnung. Aber
insgeheim fragen Sie sich, warum Sie nicht glücklicher sind?
Willkommen im Club! Studien belegen, dass wir Frauen heute zwar weitaus mehr Möglichkeiten haben als jemals zuvor,
wir aber insgesamt weniger glücklich sind als vor vierzig Jahren – während die Männer immer glücklicher werden. Woran
liegt das? Und was können wir dagegen tun?
Valorie Burton zeigt in ihrem Buch 13 Faktoren auf, die Ihre
Zufriedenheit beeinflussen … und liefert konkrete Tipps, wie
Sie inmitten Ihrer Umstände glücklicher und voller Gottver-
tauen durchs Leben gehen können.